ŒUVRES COMPLÈTES

DE

M. EUGÈNE SUE.

LES MYSTÈRES DE PARIS.

Ouvrages nouveaux de M. Eugène Sue.

QUI SE TROUVENT A LA MÊME LIBRAIRIE.

LATRÉAUMONT, 2 vol. in-8°.
ARTHUR, 4 vol. in-8°.
DELEYTAR, 2 vol. in-8°.
LE MARQUIS DE LÉTORIÈRE, 1 vol. in-8°.
JEAN CAVALIER, ou LES FANATIQUES DES CÉVENNES, 4 vol. in-8°.
DEUX HISTOIRES : HERCULE-HARDI ET LE COLONEL SURVILLE, 1772—1810, 2 vol. in-8°.
LE COMMANDEUR DE MALTE, histoire maritime du temps de Louis XIII, 2 vol. in-8°.
MATHILDE, MÉMOIRES D'UNE JEUNE FEMME, 6 vol. in-8°.
LE MORNE-AU-DIABLE, 2 volumes in-8°.
THÉRÈSE DUNOYER, 2 vol. in-8°.
LES MYSTERES DE PARIS, 9 vol. in-8°.
PAULA MONTI ou L'HÔTEL LAMBERT, 2 vol. in-8°.

Ouvrages de M. Eugène Sue

FAISANT PARTIE DE LA BIBLIOTHÈQUE D'ÉLITE.

LA SALAMANDRE, 1 vol. in-18, papier jésus vélin.
PLICK ET PLOCK, Nouvelles maritimes, 1 vol. in-18, papier jésus vélin.
ATAR GULL, Nouvelles maritimes, 1 vol. in-18, papier jésus vélin.
ARTHUR, 2 vol. in-18, papier jésus vélin.
LA COUCARATCHA, 2 vol. in-18, papier jésus vélin.
LA VIGIE DE KOAT-VEN, 2 vol. in-18, papier jésus vélin.

Paris. Imprimé par Béthune et Plon.

LES
MYSTÈRES
DE PARIS,

Par EUGÈNE SUE,
AUTEUR DE MATHILDE.

NEUVIÈME SÉRIE.

PARIS.
LIBRAIRIE DE CHARLES GOSSELIN,
Éditeur de la Bibliothèque d'Élite.
50, RUE JACOB.
MDCCCXLIII.

LES MYSTÈRES DE PARIS.

NEUVIÈME PARTIE.

CHAPITRE PREMIER.

RODOLPHE ET SARAH.

Nous conduirons le lecteur chez la comtesse Mac-Grégor, qu'une crise salutaire venait d'arracher au délire et aux souffrances qui, pendant plusieurs jours, avaient donné pour sa vie les craintes les plus sérieuses.

Le jour commençait à baisser... Sarah, assise dans un grand fauteuil, et soutenue par son frère Thomas Seyton, se regardait avec une profonde attention dans un miroir que lui présentait une de ses femmes agenouillée devant elle.

Cette scène se passait dans le salon où la Chouette avait commis sa tentative d'assassinat.

La comtesse était d'une pâleur de marbre, que faisait ressortir encore le noir foncé de ses yeux, de ses sourcils et de ses cheveux; un grand peignoir de mousseline blanche l'enveloppait entièrement.

— Donnez-moi le bandeau de corail — dit-elle à une de ses femmes, d'une voix faible mais impérieuse et brève.

— Betty vous l'attachera... — reprit Thomas Seyton — vous allez vous fatiguer... Il est déjà d'une si grande imprudence de...

— Le bandeau! le bandeau!... — répéta impatiemment Sarah, qui prit ce bijou et le posa à son gré sur son front. — Maintenant, attachez-le... et laissez-moi... — dit-elle à ses femmes.

Au moment où celles-ci se retiraient, elle ajouta :

— On fera entrer M. Ferrand, le notaire, dans le petit salon bleu... puis — reprit-elle avec une expression d'orgueil mal dissimulé

—dès que S. A. R. le grand-duc de Gérolstein arrivera, on l'introduira ici.

— Enfin! — dit Sarah en se rejetant au fond de son fauteuil, dès qu'elle fut seule avec son frère — enfin je touche à cette couronne... le rêve de ma vie... La prédiction va donc s'accomplir!

— Sarah, calmez votre exaltation — lui dit sévèrement son frère. — Hier encore on désespérait de votre vie; une dernière déception vous porterait un coup mortel.

— Vous avez raison, Tom... La chute serait affreuse... car mes espérances n'ont jamais été plus près de se réaliser! J'en suis certaine, ce qui m'a empêchée de succomber à mes souffrances a été ma pensée constante de profiter de la toute-puissante révélation que m'a faite cette femme au moment de m'assassiner.

— De même pendant votre délire... vous reveniez sans cesse à cette idée.

— Parce que cette idée seule soutenait ma vie chancelante. Quel espoir!.. princesse souveraine... presque reine!.. — ajouta-t-elle avec enivrement.

— Encore une fois, Sarah, pas de rêves insensés; le réveil serait terrible.

— Des rêves insensés?.. Comment! lorsque Rodolphe saura que cette jeune fille, aujourd'hui prisonnière à Saint-Lazare (1), et autrefois confiée au notaire qui l'a fait passer pour morte, est notre enfant, vous croyez que...

Seyton interrompit sa sœur :

— Je crois — reprit-il avec amertume — que les princes mettent les raisons d'État, les convenances politiques avant les devoirs naturels.

— Comptez-vous donc si peu sur mon adresse?

— Le prince n'est plus l'adolescent candide et passionné que vous avez autrefois séduit; ce temps est bien loin de lui... et de vous, ma sœur.

Sarah haussa légèrement les épaules, et dit :

— Savez-vous pourquoi j'ai voulu orner mes cheveux de ce bandeau de corail? pourquoi

(1) Le lecteur n'a pas oublié que la Chouette, un moment avant de frapper Sarah, croyait et lui avait dit que la Goualeuse était encore à Saint-Lazare, ignorant que le jour même Jacques Ferrand l'avait fait conduire à l'île du Ravageur par madame Séraphin.

j'ai mis cette robe blanche? C'est que la première fois que Rodolphe m'a vue... à la cour de Gérolstein... j'étais vêtue de blanc... et je portais ce même bandeau de corail dans mes cheveux...

— Comment! — dit Thomas Seyton en regardant sa sœur avec surprise — vous voulez évoquer ces souvenirs, vous n'en redoutez pas au contraire l'influence?

— Je connais Rodolphe mieux que vous... Sans doute mes traits, aujourd'hui changés par l'âge et par la souffrance, ne sont plus ceux de la jeune fille de seize ans qu'il a éperdument aimée... qu'il a seule aimée... car j'étais son premier amour... Et cet amour, unique dans la vie de l'homme, laisse toujours dans son cœur des traces ineffaçables... Aussi, croyez-moi, mon frère, la vue de cette parure éveillera chez Rodolphe, non-seulement les souvenirs de son amour, mais encore ceux de sa jeunesse... Et pour les hommes, ces derniers souvenirs sont toujours doux et précieux...

— Mais à ces doux souvenirs s'en joignent de terribles : et le sinistre dénoûment de votre amour? et l'odieuse conduite du père du prince envers vous? et votre silence obstiné lorsque Rodolphe, après votre mariage avec le comte Mac-Grégor, vous redemandait votre fille alors tout enfant? votre fille, dont une froide lettre de vous lui a appris la mort il y a dix ans... Oubliez-vous donc que depuis ce temps le prince n'a eu pour vous que mépris... et haine?

— La pitié a remplacé la haine... Depuis qu'il m'a sue mourante... chaque jour il a envoyé le baron de Graün s'informer de mes nouvelles.

— Par humanité...

— Tout à l'heure... il m'a fait répondre... qu'il allait venir ici... Cette concession est immense, mon frère...

— Il vous croit expirante... il suppose qu'il s'agit d'un dernier adieu, et il vient... Vous avez eu tort de ne pas lui écrire la révélation que vous allez lui faire.

— Je sais pourquoi j'agis ainsi. Cette révélation le comblera de surprise, de joie... et je serai là pour profiter de son premier élan d'attendrissement. Aujourd'hui, ou jamais, il me dira : *Un mariage doit légitimer la naissance de notre enfant.* S'il le dit, sa parole est sacrée, et l'espoir de toute ma vie est enfin réalisé...

— S'il vous fait cette promesse... oui.

— Et pour qu'il la fasse, rien n'est à négliger dans cette circonstance décisive... Je connais Rodolphe; il me hait... quoique je ne devine pas le motif de sa haine; car jamais je n'ai manqué devant lui au rôle que je m'étais imposé.

— Peut-être, car il n'est pas homme à haïr sans raison.

— Il n'importe! une fois certain d'avoir retrouvé sa fille... il surmontera son aversion pour moi, et ne reculera devant aucun sacrifice pour assurer à son enfant le sort le plus enviable, pour la rendre aussi magnifiquement heureuse qu'elle aura été jusqu'alors infortunée.

— Qu'il assure le sort le plus brillant à votre fille, soit... mais entre cette réparation et la résolution de vous épouser afin de légitimer la naissance de cet enfant... il y a un abîme.

— Son amour de père comblera cet abîme...

— Mais cette infortunée a sans doute vécu

jusqu'ici dans un état précaire ou misérable.

— Rodolphe voudra d'autant plus l'élever qu'elle aura été plus abaissée.

— Songez-y donc, la faire asseoir au rang des familles souveraines de l'Europe!... la reconnaître pour sa fille aux yeux de ces princes, de ces rois dont il est le parent ou l'allié!...

— Ne connaissez-vous pas son caractère étrange, impétueux et résolu? son exagération chevaleresque à propos de tout ce qu'il regarde comme juste et commandé par le devoir?

— Mais cette malheureuse enfant a peut-être été si viciée par la misère où elle doit avoir vécu, que le prince au lieu d'éprouver de l'attrait pour elle...

— Que dites-vous? — s'écria Sarah en interrompant son frère. — N'est-elle pas aussi belle jeune fille qu'elle était ravissante enfant? Rodolphe, sans la connaître, ne s'était-il pas assez intéressé à elle pour vouloir se charger de son avenir? ne l'avait-il pas envoyée à sa ferme de Bouqueval dont nous l'avons fait enlever...

— Oui, grâce à votre persistance à vouloir

rompre tous les liens d'affection du prince... dans l'espoir insensé de le ramener un jour à vous.

— Et cependant sans cet espoir insensé... je n'aurais pas découvert au prix de ma vie le secret de l'existence de ma fille... N'est-ce pas enfin par cette femme qui l'avait arrachée de la ferme que j'ai connu l'indigne fourberie du notaire Jacques Ferrand?

— Il est fâcheux qu'on m'ait refusé ce matin l'entrée de Saint-Lazare, où se trouve, vous a-t-on dit, cette malheureuse enfant; malgré ma vive insistance, on n'a voulu répondre à aucun des renseignements que je demandais, parce que je n'avais pas de lettre d'introduction auprès du directeur de la prison... J'ai écrit au préfet en votre nom... mais je n'aurai sans doute sa réponse que demain, et le prince va être ici tout à l'heure... Encore une fois, je regrette que vous ne puissiez lui présenter vous-même votre fille... il eût mieux valu attendre sa sortie de prison, avant de mander le grand-duc ici...

— Attendre!.. et sais-je seulement si la crise salutaire où je me trouve durera jusqu'à demain ? Peut-être suis-je passagèrement soutenue par la seule énergie de mon ambition.

— Mais quelles preuves donnerez-vous au prince ? Vous croira-t-il ?

— Il me croira lorsqu'il aura lu le commencement de la révélation que j'écrivais sous la dictée de cette femme quand elle m'a frappée, révélation dont heureusement je n'ai oublié aucune circonstance ; il me croira lorsqu'il aura lu votre correspondance avec madame Séraphin et Jacques Ferrand jusqu'à la mort supposée de l'enfant ; il me croira lorsqu'il aura entendu les aveux du notaire qui, épouvanté de mes menaces, sera ici tout à l'heure ; il me croira lorsqu'il verra le portrait de ma fille à l'âge de six ans, portrait qui, m'a dit cette femme, est encore à cette heure d'une ressemblance frappante. Tant de preuves suffiront pour montrer au prince que je dis vrai, et pour décider chez lui ce premier mouvement qui peut faire de moi... presque une reine... Ah ! ne fût-ce qu'un jour... une heure... au moins je mourrais contente.

A ce moment on entendit le bruit d'une voiture qui entrait dans la cour.

— C'est lui... c'est Rodolphe... — s'écria Sarah à Thomas Seyton.

Celui-ci s'approcha précipitamment d'un rideau, le souleva, et répondit :

— Oui, c'est le prince... il descend de voiture.

—Laissez-moi seule, voici le moment décisif... — dit Sarah avec un sang-froid inaltérable, car une ambition monstrueuse, un égoïsme impitoyable avait toujours été et était encore l'unique mobile de cette femme. Dans l'espèce de résurrection miraculeuse de sa fille elle ne voyait que le moyen de parvenir enfin au but constant de toute sa vie.

Après avoir un moment hésité à quitter l'appartement, Thomas Seyton se rapprochant tout à coup de sa sœur, lui dit :

— C'est moi qui apprendrai au prince comment votre fille, qu'on avait crue morte, a été sauvée... cet entretien serait trop dangereux pour vous... une émotion violente vous tuerait, et après une séparation si longue... la vue du prince... les souvenirs de ce temps...

— Votre main, mon frère — dit Sarah.

Puis appuyant sur son cœur impassible la

main de Thomas Seyton, elle ajouta avec un sourire sinistre et glacial :

— Suis-je émue?

— Non... rien... rien... pas un battement précipité — dit Seyton avec stupeur — je sais quel empire vous avez sur vous-même... Mais dans un tel moment... mais quand il s'agit pour vous ou d'une couronne ou de la mort... car, encore une fois, songez-y... la perte de cette dernière espérance vous serait mortelle... en vérité, votre calme me confond !

— Pourquoi cet étonnement, mon frère?.. Jusqu'ici, ne le savez-vous pas? rien... non, rien, n'a jamais fait battre ce cœur de marbre... Il ne palpitera que le jour où je sentirai poser sur mon front la couronne souveraine... J'entends Rodolphe... laissez-moi...

— Mais...

— Laissez-moi... s'écria Sarah d'un ton si impérieux, si résolu, que son frère quitta l'appartement quelques moments avant qu'on y eût introduit le prince.

Lorsque Rodolphe entra dans le salon, son regard exprimait la pitié... mais voyant Sarah assise dans son fauteuil et presque parée... il recula de surprise, sa physionomie devint aussitôt sombre et méfiante...

La comtesse, devinant sa pensée, lui dit d'une voix douce et faible :

— Vous croyiez me trouver expirante... vous veniez pour recevoir mes derniers adieux ?..

— J'ai toujours regardé comme sacrés les derniers vœux des mourants... mais s'il s'agit d'une tromperie sacrilége...

— Rassurez-vous — dit Sarah en interrompant Rodolphe — rassurez-vous... je ne vous ai pas trompé... il me reste, je crois, peu d'heures à vivre... Pardonnez-moi une dernière coquetterie... J'ai voulu vous épargner le sinistre entourage qui accompagne ordinairement l'agonie... j'ai voulu mourir vêtue comme je l'étais la première fois où je vous vis... Hélas ! après dix années de séparation, vous voilà donc enfin !.. Merci !.. oh ! merci !.. Mais, à votre tour, rendez grâces à Dieu de vous avoir inspiré la pensée d'écouter ma dernière prière. Si vous m'aviez refusé... j'emportais avec moi un secret qui va faire la joie... le bonheur de votre vie... Joie mêlée de quelque tristesse... bonheur mêlé de quelques larmes... comme toute félicité humaine, mais cette félicité, vous l'achèteriez encore au prix de la moitié des jours qui vous restent à vivre!..

— Que voulez-vous dire? — lui demanda le prince avec surprise.

— Oui, Rodolphe, si vous n'étiez pas venu... ce secret m'aurait suivie dans la tombe... c'eût été ma seule vengeance... et encore... non, non, je n'aurais pas eu ce terrible courage... Quoique vous m'ayez bien fait souffrir, j'aurais partagé avec vous ce suprême bonheur dont, plus heureux que moi, vous jouirez long-temps... bien long-temps, je l'espère...

— Mais encore, madame, de quoi s'agit-il?

— Lorsque vous le saurez... vous ne pourrez comprendre la lenteur que je mets à vous en instruire, car vous regarderez cette révélation comme un miracle du ciel... Mais, chose étrange, moi qui d'un mot peux vous causer le plus grand bonheur que vous ayez peut-être jamais ressenti... j'éprouve, quoique maintenant les minutes de ma vie soient comptées, j'éprouve une satisfaction indéfinissable à prolonger votre attente... et puis je connais votre cœur... et, malgré la fermeté de votre caractère, je craindrais de vous annoncer sans préparation une découverte aussi incroyable... Les émotions d'une joie foudroyante ont aussi leurs dangers...

— Votre pâleur augmente... vous contenez à peine une violente agitation — dit Rodolphe; — tout ceci est, je le crois, grave et solennel...

— Grave et solennel...

Reprit Sarah d'une voix émue; car, malgré son impassibilité habituelle, en songeant à l'immense portée de la révélation qu'elle allait faire à Rodolphe, elle se sentait plus troublée qu'elle n'avait cru l'être; aussi, ne pouvant se contraindre plus long-temps elle s'écria :

— Rodolphe... notre fille existe...

— Notre fille!..

— Elle vit! vous dis-je...

Ces mots, l'accent de vérité avec lequel ils furent prononcés, remuèrent le prince jusqu'au fond des entrailles.

— Notre enfant!.. — répéta-t-il en se rapprochant précipitamment du fauteuil de Sarah — notre enfant! ma fille!

— Elle n'est pas morte, j'en ai des preuves irrécusables... je sais où elle est... demain vous la reverrez.

— Ma fille!.. ma fille!.. — répéta Rodolphe avec stupeur — il se pourrait! elle vivrait!..

Puis tout à coup, réfléchissant à l'invraisemblance de cet événement, et craignant être dupe d'une nouvelle fourberie de Sarah, il s'écria :

— Non... non... c'est un rêve!.. c'est impossible!.. vous me trompez... c'est une ruse, un mensonge indigne!..

— Rodolphe!! écoutez-moi.

— Non, je connais votre ambition... je sais de quoi vous êtes capable, je devine le but de cette tromperie!

— Eh bien! vous dites vrai... je suis capable de tout... Oui, j'avais voulu vous abuser... oui, quelques jours avant d'être frappée d'un coup mortel, j'avais voulu trouver une jeune fille... que je vous aurais présentée à la place de notre enfant... que vous regrettiez amèrement.

— Assez... oh! assez, madame...

— Après cet aveu, vous me croirez peut-être... ou plutôt vous serez bien forcé de vous rendre à l'évidence...

— A l'évidence...

— Oui, Rodolphe... je le répète... j'avais voulu tromper, substituer une jeune fille obscure à celle que nous pleurions; mais Dieu a voulu, lui, qu'au moment où je faisais ce marché sacrilége... je fusse frappée à mort...

— Vous... à ce moment !..

— Dieu a voulu encore qu'on me proposât... pour jouer ce rôle... de mensonge... savez-vous qui ? notre fille...

— Êtes-vous donc en délire... au nom du ciel ?

— Je ne suis pas en délire... Rodolphe... Dans cette cassette, avec des papiers et un portrait qui vous prouveront la vérité de ce que je vous dis, vous trouverez un papier taché de mon sang...

— De votre sang ?

— La femme qui m'a appris que notre fille

vivait encore, me dictait cette révélation... lorsque j'ai été frappée d'un coup de poignard.

— Et qui était-elle? comment savait-elle?..

— C'est à elle qu'on avait livré notre fille... tout enfant... après l'avoir fait passer pour morte.

— Mais cette femme... son nom?..: peut-on la croire? où l'avez-vous connue?

— Je vous dis, Rodolphe, que tout ceci est fatal, providentiel... Il y a quelques mois... vous aviez tiré une jeune fille de la misère pour l'envoyer à la campagne... n'est-ce pas?

— Oui... à Bouqueval...

— La jalousie, la haine m'égaraient... J'ai fait enlever cette jeune fille par la femme... dont je vous parle...

— Et on a conduit la malheureuse enfant à Saint-Lazare.

— Où elle est encore...

— Elle n'y est plus... Ah! vous ne savez pas, madame, le mal affreux que vous avez fait... en arrachant cette infortunée de la retraite où je l'avais placée... mais...

— Cette jeune fille n'est plus à Saint-Lazare — s'écria Sarah avec épouvante — et vous parlez d'un malheur affreux !

— Un monstre de cupidité avait intérêt à sa perte. Ils l'ont noyée, madame... mais répondez... vous dites que...

— Ma fille !.. — s'écria Sarah, en interrompant Rodolphe et se levant droite, immobile comme une statue de marbre.

— Que dit-elle? mon Dieu ! — s'écria Rodolphe.

— Ma fille !.. — répéta Sarah dont le visage devint livide et effrayant de désespoir; — ils ont tué ma fille !..

— La Goualeuse votre fille !!!.. — répéta Rodolphe en se reculant avec horreur...

— La Goualeuse... oui... c'est le nom que m'a dit cette femme surnommée la Chouette... morte... morte !.. — reprit Sarah, toujours immobile, toujours le regard fixe; — ils l'ont tuée...

— Sarah ! — reprit Rodolphe aussi pâle, aussi effrayant que la comtesse — revenez à vous... répondez-moi... la Goualeuse... cette jeune fille que vous avez fait enlever par la Chouette à Bouqueval... était...

— Notre fille!...

— Elle!!!

— Et ils l'ont tuée!...

— Oh! non... non... vous délirez... cela ne peut pas être... Vous ne savez pas, non, vous ne savez pas combien cela serait affreux... Sarah! revenez à vous... parlez-moi tranquillement. Asseyez-vous... calmez-vous... Souvent il y a des ressemblances, des apparences qui trompent; on est si enclin à croire ce qu'on désire... Ce n'est pas un reproche que je vous fais... mais expliquez-moi bien... dites-moi bien toutes les raisons qui vous portent à penser cela, car cela ne peut pas être... non, non! il ne faut pas que cela soit!... cela n'est pas!

Après un moment de silence, la comtesse rassembla ses pensées, et dit à Rodolphe d'une voix défaillante :

— Apprenant votre mariage, pensant à me marier moi-même, je n'ai pas pu garder notre fille auprès de moi, elle avait quatre ans alors...

— Mais à cette époque je vous l'ai demandée, moi... avec prières — s'écria Rodolphe d'un ton déchirant — et mes lettres sont restées sans réponse... La seule que vous m'ayez écrite m'annonçait sa mort!...

— Je voulais me venger de vos mépris en vous refusant votre enfant... Cela était indigne. Mais écoutez-moi... je le sens... la vie m'échappe, ce dernier coup m'accable...

— Non! non! je ne vous crois pas... je ne veux pas vous croire... La Goualeuse... ma fille!.. Oh! mon Dieu, vous ne voudriez pas cela!

— Écoutez-moi, vous dis-je.. Lorsqu'elle eut quatre ans, mon frère chargea madame Séraphin, veuve d'un ancien serviteur à lui, d'élever l'enfant jusqu'à ce qu'elle fût en âge d'entrer en pension... La somme destinée à assurer l'avenir de notre fille fut déposée par mon frère chez un notaire cité par sa probité. Les lettres de cet homme et de madame Séraphin, adressées à cette époque à moi et à mon frère, sont là... dans cette cassette... Au bout d'un an, on m'écrivit que la santé de ma fille s'altérait... huit mois après, qu'elle était morte, et l'on m'envoya son acte de décès. A cette époque madame Séraphin est entrée au service de Jacques Ferrand, après avoir livré notre fille à la Chouette, par l'intermédiaire d'un misérable actuellement au bagne de Rochefort. Je commençais à écrire cette déclaration de la Chouette, lorsqu'elle m'a frappée. Ce papier est là... avec un portrait de notre fille à l'âge de quatre ans... Examinez tout, lettres, déclaration, portrait; et vous, qui l'avez vue... cette malheureuse enfant... jugez.

Après ces mots qui épuisèrent ses forces, Sarah tomba défaillante dans son fauteuil.

Rodolphe resta foudroyé par cette révélation.

Il est de ces malheurs si imprévus, si abominables, qu'on tâche de ne pas y croire jusqu'à ce qu'une évidence écrasante vous y contraigne... Rodolphe, persuadé de la mort de Fleur-de-Marie, n'avait plus qu'un espoir, celui de se convaincre qu'elle n'était pas sa fille.

Avec un calme effrayant qui épouvanta Sarah, il s'approcha de la table, ouvrit la cassette et se mit à lire les lettres une à une, à examiner, avec une attention scrupuleuse, les papiers qui les accompagnaient.

Ces lettres, timbrées et datées par la poste,

écrites à Sarah et à son frère par le notaire et par madame Séraphin, étaient relatives à l'enfance de Fleur-de-Marie et au placement des fonds qu'on lui destinait...

Rodolphe ne pouvait douter de l'authenticité de cette correspondance.

La déclaration de la Chouette se trouvait confirmée par les renseignements dont nous avons parlé au commencement de cette histoire, renseignements pris par ordre de Rodolphe, et qui signalaient un nommé Pierre Tournemine, forçat alors à Rochefort, comme l'homme qui avait reçu Fleur-de-Marie des mains de madame Séraphin pour la livrer à la Chouette...à la Chouette, que la malheureuse enfant avait elle-même reconnue plus tard devant Rodolphe au tapis-franc de l'ogresse.

Rodolphe ne pouvait non plus douter de l'identité de ces personnages et de celle de la Goualeuse.

L'acte de décès paraissait en règle; mais Ferrand avait lui-même avoué à Cecily que ce faux acte avait servi à la spoliation d'une somme considérable, autrefois placée en viager sur la tête de la jeune fille qu'il avait fait noyer par Martial à l'île du Ravageur.

Ce fut donc avec une croissante et épouvantable angoisse que Rodolphe acquit, malgré lui, cette terrible conviction, que la Goualeuse était sa fille et qu'elle était morte.

Malheureusement pour lui... tout semblait confirmer cette créance.

Avant de condamner Jacques Ferrand sur les preuves données par le notaire lui-même à Cecily, le prince, dans son vif intérêt pour la Goualeuse, ayant fait prendre des informations à Asnières, avait appris qu'en effet deux femmes, l'une vieille et l'autre jeune, vêtue en paysanne, s'étaient noyées en se rendant à l'île du Ravageur, et que le bruit public accusait les Martial de ce nouveau crime.

Disons enfin que, malgré les soins du docteur Griffon, du comte de Saint-Remy et de la Louve, Fleur-de-Marie, long-temps dans un état désespéré, entrait à peine en convalescence; et que sa faiblesse morale et physique était encore telle, qu'elle n'avait pu jusqu'alors prévenir ni madame Georges ni Rodolphe de sa position.

Ce concours de circonstances ne pouvait laisser le moindre espoir au prince...

Une dernière épreuve lui était réservée.

Il jeta enfin les yeux sur le portrait qu'il avait presque craint de regarder...

Ce coup fut affreux...

Dans cette figure enfantine et charmante, déjà belle de cette beauté divine que l'on prête aux chérubins, il retrouva d'une manière saisissante les traits de Fleur-de-Marie... son nez fin et droit, son noble front, sa petite bouche déjà un peu sérieuse... Car, disait madame Séraphin à Sarah dans une des lettres que Rodolphe venait de lire : « *L'enfant demande toujours sa mère et est bien triste.* »

C'étaient encore ses grands yeux d'un bleu si pur et si doux... d'un *bleu de bluet*, avait dit la Chouette à Sarah, en reconnaissant dans cette miniature les traits de l'infortunée qu'elle avait poursuivie enfant sous le nom de Pégriotte, jeune fille sous le nom de Goualeuse.

A la vue de ce portrait, les tumultueux et violents sentiments de Rodolphe furent étouffés par ses larmes.

Il retomba brisé dans un fauteuil, et cacha sa figure dans ses mains en sanglotant.

CHAPITRE II.

VENGEANCE.

Pendant que Rodolphe pleurait amèrement, les traits de Sarah se décomposaient d'une manière sensible.

Au moment de voir se réaliser enfin le rêve de son ambitieuse vie, la dernière espérance qui l'avait jusqu'alors soutenue lui échappait à jamais.

Cette affreuse déception devait avoir sur sa santé momentanément améliorée une réaction mortelle.

Renversée dans son fauteuil, agitée d'un tremblement fiévreux, ses deux mains croisées et crispées sur ses genoux, le regard fixe, la comtesse attendit avec effroi la première parole de Rodolphe.

Connaissant l'impétuosité du caractère du prince, elle pressentait qu'au brisement douloureux qui arrachait tant de pleurs à cet homme aussi résolu qu'inflexible, succéderait quelque emportement terrible.

Tout à coup Rodolphe redressa la tête, essuya ses larmes, se leva debout, et s'approchant de Sarah, les bras croisés sur sa poitrine, l'air menaçant, impitoyable... il la contempla quelques moments en silence, puis il dit d'une voix sourde :

— Cela devait être... j'ai tiré l'épée contre mon père... je suis frappé dans mon enfant... Juste punition du parricide... Écoutez-moi, madame...

— Parricide!.. vous... mon Dieu! Oh! funeste jour! qu'allez-vous donc encore m'apprendre?

— Il faut que vous sachiez, dans ce moment suprême, tous les maux causés par votre implacable ambition, par votre féroce égoïsme... Entendez-vous, femme sans cœur et sans foi? Entendez-vous, mère dénaturée?..

— Grâce!.. Rodolphe...

— Pas de grâce pour vous... qui autrefois,

sans pitié pour un amour sincère, exploitiez froidement, dans l'intérêt de votre exécrable orgueil, une passion généreuse et dévouée que vous feigniez de partager... Pas de grâce pour vous qui avez armé le fils contre le père !.. Pas de grâce pour vous qui, au lieu de veiller pieusement sur votre enfant, l'avez abandonné à des mains mercenaires, afin de satisfaire votre cupidité par un riche mariage... comme vous aviez jadis assouvi votre ambition effrénée en m'amenant à vous épouser... Pas de grâce pour vous qui, après avoir refusé mon enfant à ma tendresse, venez de causer sa mort par vos fourberies sacriléges !... Malédiction sur vous... vous... mon mauvais génie et celui de ma race !...

— Oh !.. mon Dieu !.. il est sans pitié !.. Laissez-moi !.. laissez-moi !

— Vous m'entendrez... vous dis-je !.. Vous souvenez-vous du dernier jour... où je vous ai vue... il y a dix-sept ans de cela... vous ne pouviez plus cacher les suites de notre secrète union, que, comme vous, je croyais indissoluble... Je connaissais le caractère inflexible de mon père... je savais quel mariage politique il projetait pour moi... Bravant son indignation, je lui déclarai que vous étiez ma femme devant Dieu et devant les hommes... que dans peu de temps vous mettriez au monde un enfant, fruit de notre amour... La colère de mon père fut terrible... il ne voulait pas croire à mon mariage... tant d'audace lui semblait impossible... Il me menaça de son courroux si je me permettais de lui parler encore d'une semblable folie... Alors je vous aimais comme un insensé... dupe de vos séductions... je croyais que votre cœur d'airain avait battu pour moi... Je répondis à mon père que jamais je n'aurais d'autre femme que vous... A ces mots, son emportement n'eut plus de bornes; il vous prodigua les noms les plus outrageants, s'écria que notre mariage était nul; que, pour vous punir de votre audace il vous ferait attacher au pilori de la ville... Cédant à ma folle passion... à la violence de mon caractère... j'osai défendre à mon père, à mon souverain... de parler ainsi de ma femme... j'osai le menacer. Exaspéré par cette insulte, mon père leva la main sur moi; la rage m'aveugla... je tirai mon épée.... je me précipitai sur lui... Sans Murph qui survint et détourna le coup... j'étais parricide de fait... comme je l'ai été d'intention!... Entendez-vous... parricide!... Et pour vous défendre... vous!...

— Hélas! j'ignorais ce malheur!..

— En vain, j'avais cru jusqu'ici expier mon crime... le coup qui me frappe aujourd'hui est ma punition...

— Mais moi, n'ai-je pas aussi bien souffert de la dureté de votre père, qui a rompu notre mariage? Pourquoi m'accuser de ne pas vous avoir aimé... lorsque...

— Pourquoi?..... — s'écria Rodolphe, en interrompant Sarah et jetant sur elle un regard de mépris écrasant. — Sachez-le donc, et ne vous étonnez plus de l'horreur que vous m'inspirez... Après cette scène funeste dans laquelle j'avais menacé mon père... je rendis mon épée. Je fus mis au secret le plus absolu. Polidori, par les soins de qui notre mariage avait été conclu, fut arrêté; il prouva que cette union était nulle, que le ministre qui l'avait bénie était un ministre supposé, et que vous, votre frère et moi, nous avions été trompés. Pour désarmer la colère de mon père à son égard, Polidori fit plus; il lui remit une de vos lettres à votre frère, interceptée lors d'un voyage que fit Seyton.

— Ciel!... il serait possible?

— Vous expliquez-vous mes mépris maintenant?

— Oh! assez... assez...

— Dans cette lettre, vous dévoiliez vos projets ambitieux avec un cynisme révoltant... Vous me traitiez avec un dédain glacial; vous me sacrifiiez à votre orgueil infernal; je n'étais que l'instrument de la fortune souveraine qu'on vous avait prédite... vous trouviez enfin... que mon père vivait bien long-temps...

— Malheureuse que je suis!... A cette heure je comprends tout...

— Et pour vous défendre... j'avais menacé la vie de mon père... Lorsque le lendemain, sans m'adresser un seul reproche, il me montra cette lettre.... cette lettre qui à chaque ligne révélait la noirceur de votre âme, je ne pus que tomber à genoux et demander grâce. Depuis ce jour j'ai été poursuivi par un remords inexorable. Bientôt je quittai l'Allemagne pour de longs voyages; alors commença l'expiation que je me suis imposée... Elle ne finira qu'avec ma vie... Récompenser le bien... poursuivre le mal, soulager ceux qui souffrent, sonder toutes les plaies de l'humanité pour tâcher d'arracher quelques âmes à la perdition... telle est la tâche que je me suis donnée.

— Elle est noble et sainte... elle est digne de vous...

— Si je vous parle de ce vœu — reprit Rodolphe avec autant de dédain que d'amertume — de ce vœu que j'ai accompli selon mon pouvoir partout où je me suis trouvé, ce n'est pas pour être loué par vous... Écoutez-moi donc. Dernièrement j'arrive en France; mon séjour dans ce pays ne devait pas être perdu pour l'expiation. Tout en voulant secourir d'honnêtes infortunes, je voulus aussi connaître ces classes que la misère écrase, abrutit et déprave, sachant qu'un secours donné à propos, que quelques généreuses paroles, suffisent souvent à sauver un malheureux de l'abîme... Afin de juger par moi-même, je pris l'extérieur et le langage des gens que je désirais observer... Ce fut lors d'une de ces explorations... que... pour la première fois... je... je... rencontrai... — Puis, comme s'il eût reculé devant cette révélation terrible, Rodolphe ajouta après un moment d'hésitation : — Non... non ; je n'en ai pas le courage...

— Qu'avez-vous donc à m'apprendre encore, mon Dieu ?

— Vous ne le saurez que trop tôt... mais — reprit-il avec une sanglante ironie — vous portez au passé un si vif intérêt que je dois vous parler des événements qui ont précédé mon retour en France... Après de longs voyages je revins en Allemagne ; je m'empressai d'obéir aux volontés de mon père... j'épousai une princesse de Prusse... Pendant mon absence vous aviez été chassée du grand-duché. Apprenant plus tard que vous étiez mariée au comte Mac-Gregor, je vous redemandai ma fille avec instance : vous ne me répondîtes pas ; malgré toutes mes informations, je ne pus jamais savoir où vous aviez envoyé cette malheureuse enfant, au sort de laquelle mon père avait libéralement pourvu... Il y a dix ans seulement, une lettre de vous m'apprit que notre fille était morte... Hélas! plût à Dieu qu'elle fût morte alors... j'aurais ignoré l'incurable douleur qui va désormais désespérer ma vie.

— Maintenant — dit Sarah d'une voix faible — je ne m'étonne plus de l'aversion que je vous ai inspirée depuis que vous avez lu cette lettre... Je le sens, je ne survivrai pas à ce dernier coup... Eh bien! oui... l'orgueil et l'ambition m'ont perdue!... Sous une apparence passionnée je cachais un cœur glacé... j'affectais le dévouement, la franchise... je n'étais que dissimulation et égoïsme. Ne sachant pas combien vous aviez le droit de me mépriser, de me haïr... mes folles espérances étaient revenues plus ardentes que jamais... Depuis qu'un double veuvage nous rendait libres tous deux, j'avais repris une nouvelle créance à cette prédiction qui me promettait une couronne... et lorsque le hasard m'a fait retrouver ma fille... il m'a semblé voir dans cette fortune inespérée une volonté providentielle!... Oui... j'allai jusqu'à croire que votre aversion pour moi céderait à votre amour pour votre enfant... et que vous me donneriez

3.

votre main afin de lui rendre le rang qui lui était dû...

— Eh bien! que votre exécrable ambition soit donc satisfaite et punie! Oui, malgré l'horreur que vous m'inspirez; oui, par attachement, que dis-je? par respect pour les affreux malheurs de mon enfant... j'aurais... quoique décidé à vivre ensuite séparé de vous... j'aurais par un mariage, qui eût légitimé la naissance de notre fille, rendu sa position aussi éclatante, aussi haute qu'elle avait été misérable!...

— Je ne m'étais donc pas trompée!... Malheur!... malheur!... il est trop tard!...

— Oh! je le sais! ce n'est pas la mort de votre fille que vous pleurez, c'est la perte de ce rang que vous avez poursuivi avec une inflexible opiniâtreté!... Eh bien! que ces regrets infâmes soient votre dernier châtiment!...

— Le dernier... car, je n'y survivrai pas...

— Mais avant de mourir vous saurez... quelle a été l'existence de votre fille depuis que vous l'avez abandonnée.

— Pauvre enfant!... bien misérable... peut-être!...

— Vous souvenez-vous — reprit Rodolphe avec un calme effrayant — vous souvenez-vous de cette nuit où vous et votre frère vous m'avez suivi dans un repaire de la Cité?

— Je m'en souviens; mais pourquoi cette question?... votre regard me glace.

— En venant dans ce repaire, vous avez vu, n'est-ce pas? au coin de ces rues ignobles, de... malheureuses créatures... qui... mais non... non... je n'ose pas — dit Rodolphe en cachant son visage dans ses mains — je n'ose pas... mes paroles m'épouvantent.

— Moi aussi, elles m'épouvantent... qu'est-ce donc encore, mon Dieu?

— Vous les avez vues, n'est-ce pas? — reprit Rodolphe en faisant sur lui-même un effort terrible. — Vous les avez vues, ces femmes, la honte de leur sexe?... eh bien!... parmi elles.... avez-vous remarqué une jeune fille de seize ans, belle... oh! belle... comme on peint les anges?... une pauvre enfant qui, au milieu de la dégradation où on l'avait plongée depuis quelques semaines, conservait une physionomie si candide, si virginale et si pure, que les voleurs et les assassins qui la tutoyaient... madame... l'avaient surnommée *Fleur-de-Marie*... l'avez-vous remarquée, cette jeune fille... dites? dites, tendre mère?

— Non... je ne l'ai pas remarquée — dit Sarah presque machinalement, se sentant oppressée par une vague terreur.

— Vraiment? — s'écria Rodolphe avec un éclat sardonique. — C'est étrange... je l'ai remarquée, moi... Voici à quelle occasion... écoutez bien : Lors d'une de ces explorations dont je vous ai parlé tout à l'heure et qui avait alors un double but (1), je me trouvais dans la Cité : non loin du repaire où vous m'avez suivi, un homme voulait battre une de ces malheureuses créatures; je la défendis contre la brutalité de cet homme... Vous ne devinez pas qui était cette créature... Dites, mère sainte et prévoyante, dites?... vous ne devinez pas?

— Non... je ne... devine pas... Oh! laissez-moi... laissez-moi...

(1) Celui de retrouver les traces de Germain, fils de madame Georges.

— Cette malheureuse était Fleur-de-Marie...

— Oh! mon Dieu!...

— Et vous ne devinez pas... qui était *Fleur-de-Marie*... mère irréprochable?

— Tuez-moi... oh! tuez-moi...

— C'était la Goualeuse.... c'était votre fille.... — s'écria Rodolphe avec une explosion déchirante. — Oui, cette infortunée que j'ai arrachée des mains d'un ancien forçat, c'était mon enfant, à moi... à moi... Rodolphe de Gérolstein! Oh! il y avait dans cette rencontre avec mon enfant que je sauvais sans la connaître quelque chose de fatal... de providentiel... une récompense pour l'homme qui cherche à secourir ses frères... une punition pour le parricide...

— Je meurs maudite et damnée... murmura Sarah en se renversant dans son fauteuil et en cachant son visage dans ses mains.

— Alors — continua Rodolphe, dominant à peine ses ressentiments et voulant en vain comprimer les sanglots qui de temps en temps étouffèrent sa voix — quand je l'ai eue soustraite aux mauvais traitements dont on la menaçait, frappé de la douceur inexprimable de son accent... de l'angélique expression de ses traits... il m'a été impossible de ne pas m'intéresser à elle... Avec quelle émotion profonde j'ai écouté le naïf et poignant récit de cette vie d'abandon, de douleur et de misère; car, voyez-vous, c'est quelque chose d'épouvantable que la vie de votre fille..... madame...

— Oh! il faut que vous sachiez les tortures de votre enfant; oui, madame la comtesse... pendant qu'au milieu de votre opulence vous rêviez une couronne... votre fille, toute petite, couverte de haillons, allait le soir mendier dans les rues, souffrant du froid et de la faim... durant les nuits d'hiver elle grelotait sur un peu de paille dans le coin d'un grenier, et puis quand l'horrible femme qui la torturait était lasse de battre la pauvre petite, ne sachant qu'imaginer pour la faire souffrir, savez-vous ce qu'elle lui faisait, madame?... elle lui arrachait les dents!...

— Oh! je voudrais mourir!... c'est une atroce agonie!...

— Écoutez encore... S'échappant enfin des

mains de la Chouette; errant sans pain, sans asile, âgée de huit ans à peine, on l'arrête comme vagabonde, on la met en prison... Ah! cela a été le meilleur temps de la vie de votre fille... madame... Oui, dans sa geôle, chaque soir elle remerciait Dieu de ne plus souffrir du froid, de la faim, et de ne plus être battue. Et c'est dans une prison qu'elle a passé les années les plus précieuses de la vie d'une jeune fille, ces années qu'une tendre mère entoure toujours d'une sollicitude si pieuse et si jalouse; oui, au lieu d'atteindre ses seize ans environnée de soins tutélaires, de nobles enseignements, votre fille n'a connu que la brutale indifférence des geôliers; et puis, un jour, dans sa féroce insouciance, la société l'a jetée, innocente et pure, belle et candide, au milieu de la fange de la grande ville... Malheureuse enfant... abandonnée... sans soutien, sans conseil, livrée à tous les hasards de la misère et du vice!... Oh! — s'écria Rodolphe, en donnant un libre cours aux sanglots qui l'étouffaient—votre cœur est endurci, votre égoïsme impitoyable, mais vous auriez pleuré... oui... vous auriez pleuré, en entendant le récit déchirant de votre fille!.. Pauvre enfant! souillée, mais non corrompue, chaste encore au milieu de cette horrible dégradation qui était pour elle un songe affreux; car chaque mot disait son horreur pour cette vie où elle était fatalement enchaînée; oh! si vous saviez comme à chaque instant il se révélait en elle d'adorables instincts... Que de bonté... que de charité touchante; oui... car c'était pour soulager une infortune plus grande encore que la sienne que la pauvre petite avait dépensé le peu d'argent qui lui restait et qui la séparait de l'abîme d'infamie où on l'a plongée... Oui! car il est venu un jour... un jour affreux... où, sans travail, sans pain, sans asile... d'horribles femmes l'ont rencontrée exténuée de faiblesse... de besoin... l'ont enivrée... et...

Rodolphe ne put achever; il poussa un cri déchirant en s'écriant :

— Et c'était ma fille!.. ma fille!..

— Malédiction sur moi! — murmura Sarah en cachant sa figure dans ses mains comme si elle eût redouté de voir le jour.

— Oui — s'écria Rodolphe — malédiction sur vous! car c'est votre abandon qui a causé toutes ces horreurs... Malédiction sur vous! car, lorsque la retirant de cette fange je l'avais placée dans une paisible retraite, vous l'en avez fait arracher par vos misérables complices... Malédiction sur vous! car cet enlèvement l'a remise au pouvoir de Jacques Ferrand...

A ce nom, Rodolphe se tut brusquement...

Il tressaillit comme s'il l'eût prononcé pour la première fois.

C'est que pour la première fois aussi il prononçait ce nom depuis qu'il savait que sa fille était la victime de ce monstre...

Les traits du prince prirent alors une effrayante expression de rage et de haine.

Muet, immobile, il restait comme écrasé par cette pensée : que le meurtrier de sa fille vivait encore...

Sarah, malgré sa faiblesse croissante et le bouleversement que venait de lui causer l'entretien de Rodolphe, fut frappée de son air sinistre; elle eut peur pour elle...

— Hélas! qu'avez-vous?.. — murmura-t-elle d'une voix tremblante.—N'est-ce pas assez de souffrances, mon Dieu?..

— Non, ce n'est pas assez!.. ce n'est pas assez!..— dit Rodolphe en se parlant à lui-même et répondant à sa propre pensée — je n'avais jamais éprouvé cela... jamais!.. Quelle ardeur de vengeance... quelle soif de sang... quelle rage calme et réfléchie!.. Quand je ne savais pas qu'une des victimes du monstre était mon enfant... je me disais : La mort de cet homme serait stérile... tandis que sa vie serait féconde, si, pour la racheter, il acceptait les conditions que je lui impose... Le condamner à la charité, pour expier ses crimes, me paraissait juste... Et puis la vie sans or, la vie sans l'assouvissement de sa sensualité frénétique, devait être une longue et double torture... Mais c'est ma fille qu'il a livrée enfant à toutes les horreurs de la misère... jeune fille à toutes les horreurs de l'infamie!..— s'écria Rodolphe en s'animant peu à peu; — mais c'est ma fille qu'il a fait assassiner!... Je tuerai cet homme!..

Et le prince s'élança vers la porte.

— Où allez-vous? Ne m'abandonnez pas!..
— s'écria Sarah, se levant à demi et étendant

vers Rodolphe ses mains suppliantes. — Ne me laissez pas seule!.. je vais mourir...

— Seule!.. non!.. non!.. Je vous laisse avec le spectre de votre fille, dont vous avez causé la mort!..

Sarah, éperdue, se jeta à genoux en poussant un cri d'effroi, comme si un fantôme effrayant lui eût apparu.

— Pitié!.. je meurs!..

— Mourez donc, maudite!.. — reprit Rodolphe effrayant de fureur. — Maintenant il me faut la vie de votre complice... car c'est vous qui avez livré votre fille à son bourreau!...

. . . .

Et Rodolphe se fit rapidement conduire chez Jacques Ferrand.

CHAPITRE III.

FURENS AMORIS.

La nuit était venue pendant que Rodolphe se rendait chez le notaire.

....

Le pavillon occupé par Jacques Ferrand est plongé dans une obscurité profonde...

Le vent gémit...

La pluie tombe...

Le vent gémissait, la pluie tombait aussi pendant cette nuit sinistre où Cecily, avant de quitter pour jamais la maison du notaire, avait exalté la brutale passion de cet homme jusqu'à la frénésie.

Étendu sur le lit de sa chambre à coucher faiblement éclairée par une lampe, Jacques Ferrand est vêtu d'un pantalon et d'un gilet noirs; une des manches de sa chemise est relevée, tachée de sang; une ligature de drap rouge, que l'on aperçoit à son bras nerveux, annonce qu'il vient d'être saigné par Polidori.

Celui-ci, debout auprès du lit, s'appuie d'une main au chevet, et semble contempler les traits de son complice avec inquiétude.

Rien de plus hideusement effrayant que la figure de Jacques Ferrand, alors plongé dans cette torpeur somnolente qui succède ordinairement aux crises violentes.

D'une pâleur violacée qui se détache des ombres de l'alcôve, son visage, inondé d'une sueur froide, a atteint le dernier degré du marasme; ses paupières fermées sont tellement gonflées, injectées de sang, qu'elles apparaissent comme deux lobes rougeâtres au milieu de cette face d'une lividité cadavéreuse.

— Encore un accès aussi violent que celui de tout à l'heure... et il est mort... — dit Polidori à voix basse. — *Arétée* (1) l'a dit, la plu-

(1) *Nam plerumque in septimâ die hominem consumit.* (Arétée.) *Voir* aussi la traduction de Baldassar. (*Cas. med.*, *lib.* III. *Salacitas nitro curata.*) *Voir* aussi les admirables pages d'Ambroise Paré sur le *satyriasis*, cette étrange et effrayante maladie qui ressemble tant, dit-il, à un *châtiment de Dieu*...

part de ceux qui sont atteints de cette étrange et effroyable maladie périssent presque toujours le septième jour... et il y a aujourd'hui six jours... que l'infernale créole a allumé le feu inextinguible qui dévore cet homme...

Après quelques moments de silence méditatif, Polidori s'éloigna du lit et se promena lentement dans la chambre.

— Tout à l'heure — reprit-il en s'arrêtant —pendant la crise qui a failli emporter Jacques, je me croyais sous l'obsession d'un rêve en l'entendant décrire une à une, et d'une voix haletante, les monstrueuses hallucinations qui traversaient son cerveau... Terrible... terrible maladie!... Tour à tour elle soumet chaque organe à des phénomènes qui déconcertent la science... épouvantent la nature... Ainsi tout à l'heure l'ouïe de Jacques était d'une sensibilité si incroyablement douloureuse, que, quoique je lui parlasse aussi bas que possible, mes paroles brisaient à ce point son tympan, qu'il lui semblait, disait-il, que son crâne était une cloche, et qu'un énorme battant d'airain mis en brande au moindre son lui martelait la tête d'une tempe à l'autre avec un fracas étourdissant et des élancements atroces.

Polidori resta de nouveau pensif devant le lit de Jacques Ferrand, dont il s'était rapproché...

La tempête grondait au dehors; elle éclata bientôt en longs sifflements, en violentes rafales de vent et de pluie qui ébranlèrent toutes les fenêtres de cette maison délabrée...

Malgré son audacieuse scélératesse Polidori était superstitieux; de noirs pressentiments l'agitaient; il éprouvait un malaise indéfinissable; les mugissements de l'ouragan qui troublaient seuls le morne silence de la nuit lui inspiraient une vague frayeur contre laquelle il voulait en vain se raidir.

Pour se distraire de ses sombres pensées, il se remit à examiner les traits de son complice.

— Maintenant — dit-il en se penchant vers lui — ses paupières s'injectent... On dirait que son sang calciné y afflue et s'y concentre. L'organe de la vue va, comme tout à l'heure celui de l'ouïe, offrir sans doute quelque phénomène extraordinaire...Quelles souffrances!.. comme elles durent!.. Comme elles sont variées!... Oh! — ajouta-t-il avec un rire amer — quand la nature se mêle d'être cruelle... et de jouer le rôle de tourmenteur, elle défie les plus féroces combinaisons des hommes. Ainsi, dans cette maladie, causée par une frénésie érotique, elle soumet chaque sens à des tortures inouïes, surhumaines... elle développe la sensibilité de chaque organe jusqu'à l'idéal, pour que l'atrocité des douleurs soit idéale aussi.

Après avoir contemplé pendant quelques moments les traits de son complice, il tressaillit de dégoût, se recula et dit :

— Ah! ce masque est affreux... Ces frémissements rapides qui le parcourent et le rident parfois le rendent effrayant...

Au dehors l'ouragan redoublait de furie...

— Quel orage! — reprit Polidori en tombant assis dans un fauteuil et en appuyant son front dans ses mains. — Quelle nuit... quelle nuit! Il ne peut y en avoir de plus funeste pour l'état de Jacques.

Après un long silence il reprit :

— Je ne sais si le prince, instruit de l'infernale puissance des séductions de Cecily et

4.

de la fougue des sens de Jacques, a prévu que chez un homme d'une trempe si énergique, d'une organisation si vigoureuse, l'ardeur d'une passion brûlante et inassouvie, compliquée d'une sorte de rage cupide, développerait l'effroyable *névrose* dont Jacques est victime... mais cette conséquence était normale, forcée...

— Oh! oui — dit-il, en se levant brusquement et comme s'il eût été effrayé par cette pensée — oui, le prince avait sans doute prévu cela... Sa rare et vaste intelligence n'est étrangère à aucune science... son coup d'œil profond embrasse la cause et l'effet de chaque chose... Impitoyable dans sa justice, il a dû baser et calculer sûrement le châtiment de Jacques sur les développements logiques et successifs d'une passion brutale, exaspérée jusqu'à la rage.

Après un long silence Polidori reprit :

—Quand je songe au passé... quand je songe aux projets ambitieux que, d'accord avec Sarah, j'avais autrefois fondés sur la jeunesse du prince!.. Que d'événements ! par quelles dégradations suis-je tombé dans l'abjection criminelle où je vis? Moi qui avais cru efféminer ce prince et en faire l'instrument docile du pouvoir que j'avais rêvé!... De précepteur je comptais devenir ministre... Et malgré mon savoir, mon esprit, de forfaits en forfaits j'ai atteint les derniers degrés de l'infamie... Me voici enfin le geôlier de mon complice.

Et Polidori s'abîma dans de sinistres réflexions qui le ramenèrent à la pensée de Rodolphe.

— Je redoute et je hais le prince — reprit-il — mais je suis forcé de m'incliner en tremblant devant cette imagination, devant cette volonté toute-puissante qui s'élance toujours d'un seul bond en dehors des routes connues... Quel contraste étrange dans cet homme..... assez tendrement charitable pour imaginer la banque des *travailleurs sans ouvrage*, assez féroce... pour arracher Jacques à la mort afin de le livrer à toutes les furies vengeresses de la luxure!...

Rien d'ailleurs de plus orthodoxe — ajouta Polidori avec une sombre ironie. — Parmi les peintures que Michel-Ange a faites des sept péchés capitaux dans son *Jugement dernier* de la chapelle Sixtine, j'ai vu la punition terrifiante dont il frappe la luxure (1); mais les masques hideux, convulsifs de ces damnés de la chair, qui se tordaient sous la morsure aiguë des serpents, étaient moins effrayants que la face de Jacques pendant son accès de tout à l'heure... il m'a fait peur!

Et Polidori frissonna comme s'il avait encore devant les yeux cette vision formidable.

— Oh! oui!—reprit-il avec un abattement rempli de frayeur — le prince est impitoyable... Mieux vaudrait mille fois, pour Ferrand, avoir porté sa tête sur l'échafaud; mieux vaudrait le feu, la roue, le plomb fondu qui brûle et troue les membres, que le supplice que ce misérable endure. A force de le voir souffrir je finis par m'épouvanter pour mon propre sort... Que va-t-on décider de moi... que me réserve-t-on, à moi le complice de

---

(1) « Emporté par son sujet, l'imagination égarée par huit ans de méditations continues sur un jour si horrible pour un croyant, Michel-Ange élevé à la dignité de prédicateur, et ne songeant plus qu'à son salut, a voulu punir de la manière la plus frappante le vice alors le plus à lamode. L'horreur de ce supplice me semble arriver au vrai sublime du genre. » (Stendhal, *Hist. de la peinture en Italie*, 2:2, p. 354.)

Jacques?.. Être son geôlier ne peut suffire à la vengeance du prince... il ne m'a pas fait grâce de l'échafaud... pour me laisser vivre... Peut-être une prison éternelle m'attend-elle en Allemagne... Mieux encore vaudrait cela que la mort... je ne pouvais que me mettre aveuglément à la discrétion du prince... c'était ma seule chance de salut... Quelquefois, malgré sa promesse, une crainte m'assiége... peut-être me livrera-t-on au bourreau... si Jacques succombe! En dressant l'échafaud pour moi de son vivant, ce serait le dresser aussi pour lui, mon complice... mais lui mort?... Pourtant... je le sais, la parole du prince est sacrée... mais moi qui ai tant de fois violé les lois divines et humaines... pourrais-je invoquer la promesse jurée?... Il n'importe!... de même qu'il était de mon intérêt que Jacques ne s'échappât pas, il serait aussi de mon intérêt de prolonger ses jours... Mais à chaque instant les symptômes de sa maladie s'aggravent... il faudrait presque un miracle pour le sauver... Que faire... que faire?

A ce moment la tempête était dans toute sa fureur, une cheminée presque croulante de vétusté, renversée par la violence du vent, tomba sur le toit et dans la cour avec le fracas retentissant de la foudre.

Jacques Ferrand, brusquement arraché à sa torpeur somnolente, fit un mouvement sur son lit.

Polidori se sentit de plus en plus sous l'obsession de la vague terreur qui le dominait.

— C'est une sottise de croire aux pressentiments — dit-il d'une voix troublée — mais cette nuit me semble devoir être sinistre...

Un sourd gémissement du notaire attira l'attention de Polidori.

— Il sort de sa torpeur...— se dit-il en se rapprochant lentement du lit;—peut-être va-t-il tomber dans une nouvelle crise...

— Polidori...—murmura Jacques Ferrand toujours étendu sur son lit et tenant ses yeux fermés—Polidori... quel est ce bruit?..

— Une cheminée qui s'écroule...—répondit Polidori à voix basse, craignant de frapper trop vivement l'ouïe de son complice — un affreux ouragan ébranle la maison jusque dans ses fondements... la nuit est horrible... horrible.

Le notaire ne l'entendit pas et reprit en tournant à demi la tête:

— Polidori, tu n'es donc pas là?

— Si... si... je suis là — dit Polidori d'une voix plus haute — mais je t'ai répondu doucement de peur de te causer, comme tout à l'heure, de nouvelles douleurs en parlant haut.

— Non... maintenant ta voix arrive à mon oreille... sans me faire éprouver ces atroces douleurs de tantôt... car il me semblait au moindre bruit que la foudre éclatait dans mon crâne... et pourtant... au milieu de ce fracas, de ces souffrances sans nom, je distinguais la voix passionnée de Cecily qui m'appelait...

— Toujours... cette femme infernale... toujours... Mais chasse donc ces pensées... elles te tueront.

— Ces pensées sont ma vie... comme ma vie, elles résistent à mes tortures.

— Mais insensé que tu es, ce sont ces pensées seules qui causent tes tortures, te dis-je! Ta maladie n'est autre chose que ta frénésie sensuelle arrivée à sa dernière exaspération...

Encore une fois, chasse de ton cerveau ces images mortellement lascives, ou tu périras...

— Chasser ces images! — s'écria Jacques Ferrand avec exaltation — oh! jamais, jamais!.. Toute ma crainte est que ma pensée s'épuise à les évoquer... mais par l'enfer!.. elle ne s'épuise pas... Plus cet ardent mirage m'apparaît, plus il ressemble à la réalité... Dès que la douleur me laisse un moment de repos... dès que je puis lier deux idées... Cecily, ce démon que je chéris et que je maudis, surgit à mes yeux...

— Quelle fureur indomptable!... Il m'épouvante.

— Tiens... maintenant... — dit le notaire d'une voix stridente et les yeux obstinément attachés sur un point obscur de son alcôve — je vois déjà... comme une forme indécise et blanche se dessiner... là... là.

Et il étendait son doigt velu et décharné dans la direction de sa vision.

— Tais-toi... malheureux...

— Ah!... la voilà...

— Jacques... c'est la mort.

— Oh! je la vois — ajouta Ferrand les

dents serrées, sans répondre à Polidori — la voilà! qu'elle est belle!.. qu'elle est belle!.. Comme ses cheveux noirs flottent en désordre sur ses épaules!.. Et ses petites dents qu'on aperçoit entre ses lèvres entr'ouvertes... ses lèvres si rouges et si humides! quelles perles!... Oh!... ses grands yeux semblent tour à tour étinceler et mourir... Cecily! — ajouta-t-il avec une exaltation inexprimable — Cecily! je t'adore!..

— Jacques!.. écoute!.. écoute!..

— Oh!.. la damnation éternelle!.. et la voir ainsi pendant l'éternité!..

— Jacques — s'écria Polidori alarmé — n'excite pas ta vue sur ces fantômes.

— Ce n'est pas un fantôme...

— Prends garde... tout à l'heure... tu le sais... tu te figurais aussi entendre les chants voluptueux de cette femme, et ton ouïe a été tout à coup frappée d'une douleur effroyable... Prends garde!

— Laisse-moi... — s'écria le notaire avec un courroux impatient — laisse-moi!.. A quoi bon l'ouïe, sinon pour l'entendre?.. la vue, sinon pour la voir?..

— Mais les tortures qui s'ensuivent, misérable fou!..

— Je puis braver des tortures pour un mirage!.. j'ai bravé la mort pour une réalité... Que m'importe, d'ailleurs? cette ardente image est pour moi la réalité... Oh! Cecily! es-tu belle!.. Tu le sais bien, monstre, que tu es enivrante... A quoi bon cette coquetterie infernale qui m'embrase encore!.. Oh! l'exécrable furie... tu veux donc que je meure?.. Cesse... cesse... ou je t'étrangle... — s'écria le notaire en délire...

— Mais tu te tues, misérable — s'écria Polidori en secouant rudement le notaire pour l'arracher à son extase.

Efforts inutiles!... Jacques continua avec une nouvelle exaltation :

— O reine chérie... démon de volupté! jamais je n'ai vu...

Le notaire n'acheva pas.

Il poussa un brusque cri de douleur en se rejetant en arrière.

— Qu'as-tu? — lui demanda Polidori avec étonnement.

— Eteins cette lumière, son éclat devient

trop vif.... je ne puis le supporter, il me blesse...

— Comment? — dit Polidori de plus en plus surpris — il n'y a qu'une lampe recouverte de son abat-jour et sa lueur est très-faible...

— Je te dis que la clarté augmente... ici. Tiens... encore... encore... oh! c'est trop... cela devient intolérable — ajouta Jacques Ferrand en fermant les yeux avec une expression de souffrance croissante.

— Tu es fou, cette chambre est à peine éclairée — te dis-je — je viens au contraire d'abaisser la lampe, ouvre les yeux... tu verras.

— Ouvrir les yeux!... mais je serais aveuglé par les torrents de clarté flamboyante dont cette pièce est de plus en plus inondée... Ici... là... partout... ce sont des gerbes de feu... des milliers d'étincelles éblouissantes... — s'écria le notaire en se levant sur son séant; puis, poussant un nouveau cri de douleur atroce, il porta les deux mains sur ses yeux :—Mais je suis aveuglé... cette lumière torride traverse mes paupières fermées... elle me brûle... elle me dévore... Ah! maintenant mes mains me garantissent un peu!... Mais éteins cette lampe, elle jette une flamme infernale!...

— Plus de doute... — dit Polidori — sa vue est frappée de l'exorbitante sensibilité dont son ouïe avait été frappée tout à l'heure... puis une crise d'hallucination... Il est perdu... Le saigner de nouveau dans cet état serait mortel... Il est perdu...

Un nouveau cri aigu, terrible de Jacques Ferrand retentit dans la chambre :

— Bourreau! éteins donc cette lampe!... son éclat embrasé pénètre à travers mes mains qu'il rend transparentes... Je vois le sang circuler dans le réseau de mes veines... J'ai beau clore mes paupières de toutes mes forces, cette lave ardente s'y infiltre... Oh! quelle torture!... ce sont des élancements éblouissants comme si on m'enfonçait au fond des orbites un fer aigu chauffé à blanc... Au secours! mon Dieu! au secours!... — s'écria-t-il en se tordant sur son lit, en proie à d'horribles convulsions de douleur.

Polidori, effrayé de la violence de cet accès, éteignit brusquement la lumière.

Et tous deux se trouvèrent dans une obscurité profonde.

A ce moment on entendit le bruit d'une voiture qui s'arrêtait à la porte de la rue...

CHAPITRE IV.

LES VISIONS.

Lorsque les ténèbres eurent envahi la chambre où il se trouvait avec Polidori, les douleurs aiguës de Jacques Ferrand cessèrent peu à peu.

— Pourquoi as-tu autant tardé à éteindre cette lampe? — dit Jacques Ferrand. — Était-ce pour me faire endurer les tourments de l'enfer? Oh! que j'ai souffert... mon Dieu, que j'ai souffert!...

— Maintenant, souffres-tu moins?

— J'éprouve encore une irritation violente... mais ce n'est rien auprès de ce que je ressentais tout à l'heure...

— Je te l'avais dit, dès que le souvenir de cette femme excitera l'un de tes sens.... presqu'à l'instant ce sens sera frappé par un de ces terribles phénomènes qui déconcertent la science..... et que les croyants pourraient prendre pour une terrible punition de Dieu.

— Ne me parle pas de Dieu.... — s'écria le monstre en grinçant les dents.

— Je t'en parlais... pour mémoire... mais puisque tu tiens à ta vie, si misérable qu'elle soit... songe bien, je te le répète, que tu seras emporté pendant une de ces crises furieuses, si tu les provoques encore...

— Je tiens à la vie... parce que le souvenir de Cecily est toute ma vie...

— Mais ce souvenir te tue, t'épuise, te consume !

— Je ne puis ni ne veux m'y soustraire... Je suis incarné à Cecily comme le sang l'est au corps... Cet homme m'a pris toute ma fortune, il n'a pu me ravir l'ardente et impérissable image de cette enchanteresse; cette image est à moi; à toute heure elle est là comme mon esclave... elle dit ce que je veux... elle me regarde comme je veux... elle m'adore comme je veux — s'écria le notaire dans un nouvel accès de passion frénétique.

— Jacques... ne t'exalte pas... souviens-toi de la crise de tout à l'heure...

Le notaire n'entendit pas son complice, qui prévit une nouvelle hallucination.

En effet, Jacques Ferrand reprit en poussant un éclat de rire convulsif et sardonique :

— M'enlever Cecily! Mais ils ne savent donc pas qu'on arrive à l'impossible en concentrant la puissance de toutes ses facultés sur un objet? Ainsi, tout à l'heure... je... vais monter dans la chambre de Cecily, où je n'ai pas osé aller depuis son départ... Oh! voir, toucher les vêtements qui lui ont appartenu... la glace devant laquelle elle s'habillait, ce sera la voir elle-même!... Oui, en attachant énergiquement mes yeux sur cette glace... bientôt j'y verrai apparaître Cecily, ce ne sera pas une illusion, un mirage; ce sera bien elle, je la trouverai là... comme le statuaire trouve la statue dans le bloc de marbre... Mais par tous les feux de l'enfer, dont je brûle, ce ne sera pas une pâle et froide Galatée...

— Où vas-tu?... — dit tout d'un coup Polidori en entendant Jacques Ferrand se lever, car l'obscurité la plus profonde régnait toujours dans cette pièce.

— Je vais trouver Cecily...

— Tu n'iras pas... l'aspect de cette chambre te tuerait.

— Cecily m'attend là-haut.

— Tu n'iras pas, je te tiens, je ne te lâche pas — dit Polidori en saisissant le notaire par le bras.

Jacques Ferrand, arrivé au dernier degré de l'épuisement, ne pouvait lutter contre Polidori qui l'étreignait d'une main vigoureuse.

— Tu veux m'empêcher d'aller trouver Cecily?

— Oui... et d'ailleurs... il y a une lampe allumée dans la salle voisine; tu sais quel effet la lumière a tout à l'heure produit sur ta vue?

— Cecily est en haut... elle m'attend.... je traverserais une fournaise ardente pour aller la rejoindre... Laisse-moi... elle m'a dit que j'étais son vieux tigre... prends garde, mes griffes sont tranchantes.

— Tu ne sortiras pas... je t'attacherai plutôt sur ton lit comme un fou furieux.

— Polidori, écoute, je ne suis pas fou, j'ai toute ma raison, je sais bien que Cecily n'est pas matériellement là-haut... mais, pour moi, les fantômes de mon imagination valent des réalités...

— Silence!... — s'écria tout à coup Polidori en prêtant l'oreille — tout à l'heure j'avais cru entendre une voiture s'arrêter à la porte... je ne m'étais pas trompé... j'entends maintenant un bruit de voix... dans la cour...

— Tu veux me distraire de ma pensée... le piége est grossier.

— J'entends parler, te dis-je, et je crois reconnaître...

—Tu veux m'abuser—dit Jacques Ferrand interrompant Polidori — je ne suis pas ta dupe...

—Mais, misérable... écoute donc... écoute, tiens, n'entends-tu pas?...

—Laisse-moi, Cecily est là-haut, elle m'appelle... ne me mets pas en fureur... à mon tour je te dis : Prends garde... entends-tu? prends garde...

— Tu ne sortiras pas...

— Prends garde...

— Tu ne sortiras pas d'ici, mon intérêt veut que tu restes...

— Tu m'empêches d'aller retrouver Cecily, mon intérêt veut que tu meures... — Tiens donc! — dit le notaire d'une voix sourde...

Polidori poussa un cri.

— Scélérat! tu m'as frappé au bras; mais ta main était mal affermie; la blessure est légère, tu ne m'échapperas pas...

— Ta blessure est mortelle... c'est le stylet empoisonné de Cecily qui t'a frappé; je le portais toujours sur moi; attends l'effet du poison... Ah! tu me lâches, enfin, tu vas mourir... Il ne fallait pas m'empêcher d'aller là-haut retrouver Cecily... — ajouta Jacques Ferrand en cherchant à tâtons dans l'obscurité à ouvrir la porte.

— Oh!... — murmura Polidori — mon bras s'engourdit... un froid mortel me saisit... mes genoux tremblent sous moi... mon sang se fige dans mes veines... un vertige me saisit... Au secours!... cria le complice de Jacques Ferrand en rassemblant ses forces dans un dernier cri; — au secours!... je meurs!!!

Et il s'affaissa sur lui-même.

Le fracas d'une porte vitrée, ouverte avec tant de violence que plusieurs carreaux se brisèrent en éclats, la voix retentissante de **Rodolphe**, et un bruit de pas précipités, semblèrent répondre au cri d'angoisse de Polidori.

Jacques Ferrand, ayant enfin trouvé la serrure dans l'obscurité, ouvrit brusquement la porte de la pièce voisine, et s'y précipita, son dangereux stylet à la main...

Au même instant... menaçant et formidable comme le génie de la vengeance, le prince entrait dans cette pièce par le côté opposé.

— Monstre!!! — s'écria Rodolphe en s'avançant vers Jacques Ferrand — c'est ma fille que tu as tuée!... tu vas...

Le prince n'acheva pas, il recula épouvanté...

On eût dit que ses paroles avaient foudroyé Jacques Ferrand...

Jetant son stylet et portant ses deux mains à ses yeux, le misérable tomba la face contre terre en poussant un cri qui n'avait rien d'humain.

Par suite du phénomène dont nous avons

parlé et dont une obscurité profonde avait suspendu l'action, lorsque Jacques Ferrand entra dans cette chambre vivement éclairée, il fut frappé d'éblouissements plus vertigineux, plus intolérables que s'il eût été jeté au milieu d'un torrent de lumière aussi incandescente que celle du disque du soleil.

Et ce fut un épouvantable spectacle que l'agonie de cet homme qui se tordait dans d'épouvantables convulsions, éraillant le parquet avec ses ongles, comme s'il eût voulu se creuser un trou pour échapper aux tortures atroces que lui causait cette flamboyante clarté.

Rodolphe, un de ses gens et le portier de la maison qui avait été forcé de conduire le prince jusqu'à la porte de cette pièce, restaient frappés d'horreur.

Malgré sa juste haine, Rodolphe ressentit un mouvement de pitié pour les souffrances inouïes de Jacques Ferrand, il ordonna de le porter sur un canapé.

On y parvint non sans peine, car, de crainte de se trouver soumis à l'action directe de la lampe, le notaire se débattit violemment, mais lorsqu'il eut la face inondée de lumière il poussa un nouveau cri...

Un cri qui glaça Rodolphe de terreur.

Après de nouvelles et longues tortures, le phénomène cessa par sa violence même.

Ayant atteint les dernières limites du possible sans que la mort s'ensuivît, la douleur visuelle cessa... mais, suivant la marche normale de cette maladie, une hallucination délirante vint succéder à cette crise.

Tout à coup Jacques Ferrand se roidit comme un cataleptique; ses paupières, jusqu'alors obstinément fermées, s'ouvrirent brusquement; au lieu de fuir la lumière, ses yeux s'y attachèrent invinciblement; ses prunelles, dans un état de dilatation et de fixité extraordinaire, semblaient phosphorescentes et intérieurement illuminées.

Jacques Ferrand paraissait plongé dans une sorte de contemplation extatique; son corps et ses membres restèrent d'abord dans une immobilité complète, ses traits seuls furent incessamment agités par des tressaillements nerveux.

Son hideux visage ainsi contracté, contourné, n'avait plus rien d'humain ; on eût dit que les appétits de la bête, en étouffant l'intelligence de l'homme, imprimaient à la physionomie de ce misérable un caractère absolument bestial.

Arrivé à la période mortelle de son délire, à travers cette suprême hallucination, il se souvenait encore des paroles de Cecily qui l'avait appelé son tigre; peu à peu sa raison s'égara; il s'imagina être un tigre.

Ses paroles entrecoupées, haletantes, peignaient le désordre de son cerveau et l'étrange aberration qui s'en était emparée. Peu à peu ses membres jusqu'alors roides et immobiles se détendirent, un brusque mouvement le fit choir du canapé; il voulut se relever et marcher, mais, les forces lui manquant, il fut réduit tantôt à ramper comme un reptile, tantôt à se traîner sur ses mains et sur ses genoux... allant, venant, deçà et delà, selon que ses visions le poussaient et le possédaient.

Tapi dans l'un des angles de la chambre, comme un tigre dans son repaire, ses cris rauques, furieux, ses grincements de dents, la torsion convulsive des muscles de son front et de sa face, son regard flamboyant lui donnaient parfois quelque vague et effrayante ressemblance avec cette bête féroce.

— Tigre... tigre... tigre que je suis — disait-il d'une voix saccadée, en se ramassant sur lui-même — oui, tigre... Que de sang!... Dans ma caverne... cadavres... déchirés!.. La Goualeuse... le frère de cette veuve... un petit enfant... le fils de Louise... voilà des cadavres... ma tigresse Cecily prendra sa part... —Puis, regardant ses doigts décharnés dont les ongles avaient démesurément poussé pendant sa maladie, il ajouta ces mots entrecoupés : — Oh! mes ongles tranchants... tranchants et aigus... Un vieux tigre, moi, mais plus souple, plus fort, plus hardi... on n'oserait pas me disputer ma tigresse Cecily... Ah! elle appelle!.. elle appelle!— dit-il en avançant son monstrueux visage et prêtant l'oreille.

Après un moment de silence il se tapit de nouveau le long du mur en disant :

— Non... j'avais cru l'entendre... elle n'est pas là... mais je la vois... Oh! toujours, toujours!.. Oh! la voilà... Elle m'appelle, elle rugit, rugit là-bas... me voilà... me voilà...

Et Jacques Ferrand se traîna vers le milieu de la chambre sur ses genoux et sur ses mains. Quoique ses forces fussent épuisées, de temps à autre il avançait par un soubresaut convulsif, puis il s'arrêtait, semblant écouter attentivement.

— Où est-elle?... où est-elle?... j'approche, elle s'éloigne... Ah! là-bas... oh!... elle m'attend... va... va... mords le sable en poussant tes rugissements plaintifs... Ah! ses grands yeux féroces... ils deviennent languissants, ils implorent... Cecily, ton vieux tigre est à toi— s'écria-t-il.

Et d'un dernier élan il eut la force de se soulever et de se redresser sur ses genoux.

Mais tout à coup se renversant en arrière avec épouvante, le corps affaissé sur ses talons, les cheveux hérissés, le regard effaré, la bouche contournée de terreur, les deux mains tendues en avant, il sembla lutter avec rage contre un objet invisible, prononçant des paroles sans suite, et s'écriant d'une voix entrecoupée :

— Quelle morsure... au secours... nœuds

glacés.... mes bras brisés... je ne peux pas l'ôter... dents aiguës... Non, non, oh! pas les yeux... au secours... un serpent noir... oh! sa tête plate... ses prunelles de feu... Il me regarde... c'est le démon... Ah!... il me reconnaît... Jacques Ferrand... à l'église... saint homme... toujours à l'église... va-t'en... au signe de la croix... va-t'en...

Et le notaire se redressant un peu, s'appuyant d'une main sur le parquet... tâcha de l'autre de se signer...

Son front livide était inondé de sueur froide, ses yeux commençaient à perdre de leur transparence... ils devenaient ternes... glauques...

Tous les symptômes d'une mort prochaine se manifestaient.

Rodolphe et les autres témoins de cette scène restaient immobiles et muets, comme s'ils eussent été sous l'obsession d'un rêve abominable.

— Ah!... — reprit Jacques Ferrand toujours à demi étendu sur le parquet et se soutenant d'une main — le démon... disparu... je vais à l'église... je suis un saint homme... je prie... Hein? on ne le saura pas... tu crois?... non, non, tentateur... bien sûr!... le secret?... Eh bien! qu'elles viennent... ces femmes... toutes? oui, toutes... si on ne sait pas?

Et sur la hideuse physionomie de ce martyr damné de la luxure, on put suivre les dernières convulsions de l'agonie sensuelle... les deux pieds dans la tombe que sa passion frénétique avait ouverte, obsédé par son fougueux délire, il évoquait encore des images d'une volupté mortelle.

— Ah!... — reprit-il d'une voix haletante — ces femmes... ces femmes!.. Mais le secret!... Je suis un saint homme!... Le secret!... Ah! les voilà!... trois... Elles sont trois!... Que dit celle-ci?... Je suis Louise Morel... Ah! oui... Louise Morel... je sais... Je ne suis qu'une fille du peuple... Vois, Jacques... quelle forêt de cheveux bruns se déploie sur mes épaules... Tu trouvais mon visage beau... Tiens... prends... garde-le... Que me donne-t-elle?... Sa tête... coupée... par le bourreau... Cette tête morte, elle me regarde... Cette tête morte... elle me parle... Ses lèvres violettes, elles remuent... *Viens!... viens!... viens!...*

Comme Cecily... non... je ne veux pas... je ne veux pas... démon... laisse-moi... va-t'en!... va-t'en!... Et cette autre femme!... oh! belle!... belle!... Jacques... je suis la duchesse... de Lucenay... Vois ma taille de déesse... mon sourire... mes yeux effrontés... Viens!... viens!... oui... je viens... mais attends!... Et celle-ci... qui retourne son visage!.. Oh! Cecily!... Cecily!... Oui... Jacques... je suis Cecily... Tu vois les trois Grâces... Louise... la duchesse et moi... choisis... Beauté du peuple... beauté patricienne... beauté sauvage des tropiques.... L'enfer avec nous... Viens!... viens!...

— L'enfer avec vous!... Oui — s'écria Jacques Ferrand en se soulevant sur ses genoux et en étendant ses bras pour saisir ces fantômes.

Ce dernier élan convulsif fut suivi d'une commotion mortelle.

Il retomba aussitôt en arrière, roide et inanimé; ses yeux semblaient sortir de leur orbite; d'atroces convulsions imprimaient à ses traits des contorsions surnaturelles, pareilles à celles que la pile voltaïque arrache au visage des cadavres; une écume sanglante inondait ses lèvres; sa voix était sifflante, strangulée comme celle d'un hydrophobe, car dans son dernier paroxysme cette maladie épouvantable... épouvantable punition de la luxure, offre les mêmes symptômes que la rage.

La vie du monstre s'éteignit au milieu d'une dernière et horrible vision, car il balbutia ces mots :

— Nuit noire!... noire... spectres... squelettes d'airain rougi au feu... m'enlacent... leurs doigts brûlants... ma chair fume.... ma moelle se calcine... spectre acharné.... non!... non... Cecily!... le feu... Cecily!...

Tels furent les derniers mots de Jacques Ferrand...

Rodolphe sortit épouvanté.

CHAPITRE V.

L'HOSPICE (1).

On se souvient que Fleur-de-Marie, sauvée par la Louve, avait été transportée, non loin de l'île du Ravageur, dans la maison de campagne du docteur Griffon, l'un des mé-

(1) Le nom que j'ai l'honneur de porter, et que mon père, mon grand-père, mon grand-oncle et mon bisaïeul (l'un des hommes les plus érudits du dix-septième siècle) ont rendu célèbre par de beaux et de grands travaux pratiques et théoriques sur toutes les branches de l'art de guérir, m'interdirait la moindre attaque ou allusion irréfléchie à propos des *médecins*, lors même que la gravité du sujet que je traite et la juste et immense célébrité de l'école médicale française ne s'y opposeraient pas ; dans la création du docteur Griffon j'ai seulement voulu personnifier un de ces hommes respectables d'ailleurs, mais qui peuvent se laisser quelquefois entraîner par la passion de l'art, des *expériences*, *à de graves abus de pouvoir médical*, s'il est permis de s'exprimer ainsi, oubliant qu'il est quelque chose encore de plus sacré que la science : *l'humanité*.

decins de l'hospice civil où nous conduirons le lecteur.

Ce savant docteur, qui avait obtenu, par de hautes protections, un *service* dans cet hôpital, regardait ses salles comme une espèce de lieu d'essai où il expérimentait sur les pauvres les traitements qu'il appliquait ensuite à ses riches clients, ne hasardant jamais sur ceux-ci un nouveau moyen curatif avant d'en avoir ainsi plusieurs fois tenté et répété l'application *in animâ vili,* comme il le disait avec cette sorte de barbarie naïve où peut conduire la passion aveugle de l'art, et surtout l'habitude et la puissance d'exercer sans crainte et sans contrôle, sur une créature de Dieu, toutes les capricieuses tentatives, toutes les savantes fantaisies d'un esprit inventeur.

Ainsi, par exemple, le docteur voulait-il s'assurer de l'effet comparatif d'une médication nouvelle assez hasardée, afin de pouvoir déduire des conséquences favorables à tel ou tel système :

Il prenait un certain nombre de malades...
Traitait ceux-ci selon la nouvelle méthode,
Ceux-là par l'ancienne...

Dans quelques circonstances abandonnait les autres aux seules forces de la nature...

Après quoi il comptait les survivants...

Ces terribles expériences étaient, à bien dire, un sacrifice humain fait sur l'autel de la science (1).

(1) Par une rencontre dont nous nous félicitons au nom de la vérité, ces lignes étaient sous presse depuis quelques jours, lorsqu'a paru dans *le Siècle* (6 août 1843) un article signé de plusieurs *chirurgiens des hôpitaux de Paris*, où nous lisons les lignes suivantes :

« Les intrusions que nous déplorons (il s'agit de médecins ayant obtenu par faveur des *salles* dans les hôpitaux civils) doivent être encore examinées d'un autre point de vue, celui de la moralité. *Un mot malheureux a été prononcé, le mot d'*ESSAI. Des arrêtés portant création de services donnés contre l'esprit et contre la lettre du règlement disposent que cette création a pour objet d'autoriser telle personne à FAIRE L'ESSAI DE SA MÉTHODE DE TRAITEMENT. Un pareil langage étonne à une époque comme la nôtre, où personne *n'a le droit de considérer les malades pauvres comme une matière à essai de quelque genre que ce soit* ; et d'ailleurs ces essais, combien de temps doivent-ils durer? sur combien de malades doivent-ils être tentés? Ne doivent-ils pas être constamment surveillés par une commission permanente tenue d'en faire connaître les résultats? Il y aurait une incurie profonde à laisser non résolues de semblables questions. Puis, une fois lancé dans cette *malheureuse carrière des* ESSAIS, qui sait où on s'arrêtera? Toutes les prétendues méthodes nouvelles ne viendront-elles pas demander à leur tour de faire leurs preuves dans un service d'hôpital? et alors homœopathie, hydrosudopathie, magnétisme, machines à rom-

Le docteur Griffon n'y songeait même pas.

Aux yeux de ce *prince de la science*, comme on dit de nos jours, les malades de son hôpital n'étaient que de la matière à étude, à expérimentation ; et comme, après tout, il résultait parfois de ses essais un fait utile ou une découverte acquise à la science, le docteur se montrait aussi ingénûment satisfait et triomphant qu'un général après une victoire assez *coûteuse* en soldats.

L'homœopathie, lors de son apparition, n'avait pas eu d'adversaire plus acharné que le docteur Griffon. Il traitait cette méthode d'absurde, de funeste, d'homicide ; aussi, fort de sa conviction, et voulant mettre les homœo-

pre les ankyloses, tout cela, soyez-en sûr, réclamera *son droit* d'ESSAI. »

Et plus loin :

« Des frais très-considérables ont été faits avec une utilité très-problématique pour ces services, véritables superfétations dans les hôpitaux qui n'ont pas toujours le nécessaire. Ainsi, tandis que l'administration est *réduite à économiser sur l'eau de Seltz, sur les sirops nécessaires à la tisane des pauvres fiévreux, sur la charpie*, etc., etc., on a accordé en dépenses extraordinaires, pour frais d'appareils, des sommes trop considérables, eu égard au peu d'avantage qu'on en a retiré. »

pathes, comme on dit, *au pied du mur*, il leur offrit, avec une loyauté chevaleresque, de leur abandonner un certain nombre de malades sur lesquels l'homœopathie instrumenterait à son gré. Mais il affirmait d'avance, sûr de ne pas être démenti par l'expérience, que, de vingt malades soumis à ce traitement, cinq au plus survivraient...

Les homœopathes éludèrent la proposition, au grand chagrin du docteur Griffon, qui regretta cette occasion de prouver *par des chiffres* la vanité du traitement homœopathique.

On eût stupéfié le docteur Griffon en lui disant, à propos de cette libre et autocratique disposition de ses *sujets :*

« Un tel état de choses ferait regretter la barbarie de cè temps où les condamnés à mort étaient exposés à subir des opérations chirurgicales récemment découvertes... mais que l'on n'osait encore pratiquer sur le vivant... L'opération réussissait-elle, le condamné était gracié.

» Comparée à ce que vous faites, cette barbarie était de la charité, monsieur.

» Après tout, on donnait ainsi une chance de vie à un misérable que le bourreau attendait, et l'on rendait possible une expérience peut-être utile au salut de tous.

» Mais tenter vos aventureuses médications sur de malheureux artisans dont l'hospice est le seul refuge lorsque la maladie les accable... mais *essayer* un traitement peut-être funeste sur des gens que la misère vous livre confiants et désarmés... à vous leur seul espoir, à vous qui ne répondez de leur vie qu'à Dieu... savez-vous que cela serait pousser l'amour de la science jusqu'à l'inhumanité, monsieur?

» Comment! les classes pauvres peuplent déjà les ateliers, les champs, l'armée; de ce monde elles ne connaissent que misère et privations, et lorsqu'à bout de fatigues et de souffrances elles tombent exténuées... et demi-mortes... la maladie même ne les préserverait pas d'une dernière et sacrilége exploitation?

» J'en appelle à votre cœur, monsieur, cela ne serait-il pas injuste et cruel? »

Hélas! le docteur Griffon aurait été touché

peut-être par ces paroles sévères, mais non convaincu.

L'homme est fait de la sorte : le capitaine s'habitue aussi à ne plus considérer ses soldats que comme les pions de ce jeu sanglant qu'on appelle une bataille.

Et c'est parce que l'homme est ainsi fait que la société doit protection à ceux que le sort expose à subir la réaction de ces *nécessités humaines*.

Or, le caractère du docteur Griffon une fois admis (et on peut l'admettre sans trop d'hyperbole), la population de son hospice n'avait donc aucune garantie, aucun recours contre la barbarie scientifique de ses expériences; car il existe une fâcheuse lacune dans l'organisation des hôpitaux civils.

Nous la signalons ici; puissions-nous être entendu...

Les hôpitaux militaires sont chaque jour visités par un officier supérieur chargé d'accueillir les plaintes des soldats malades et d'y donner suite si elles lui semblent raisonnables. Cette surveillance contradictoire, complétement distincte de l'administration et du service de santé, est excellente; elle a toujours produit les meilleurs résultats. Il est d'ailleurs impossible de voir des établissements mieux tenus que les hôpitaux militaires; les soldats y sont soignés avec une douceur extrême, et traités nous dirions presque avec une commisération respectueuse.

Pourquoi une surveillance analogue à celle que les officiers supérieurs exercent dans les hôpitaux militaires, n'est-elle pas exercée dans les hôpitaux civils par des hommes complétement indépendants de l'administration et du service de santé, par une commission choisie peut-être parmi les maires, leurs adjoints, parmi tous ceux enfin qui exercent les diverses charges de l'édilité parisienne, charges toujours si ardemment briguées? Les réclamations du pauvre (si elles étaient fondées) auraient ainsi un organe impartial, tandis que, nous le répétons, cet organe manque absolument; il n'existe aucun *contrôle contradictoire* du service des hospices...

Cela nous semble exorbitant...

Ainsi, la porte des salles du docteur Griffon une fois refermée sur un malade, ce der-

nier appartenait corps et âme à la science...
Aucune oreille amie ou désintéressée ne pouvait entendre ses doléances...

On lui disait nettement qu'étant admis à l'hospice par charité, il faisait désormais partie du domaine expérimental du docteur, et que malade et maladie devaient servir de sujet d'étude, d'observation, d'analyse ou d'enseignement aux jeunes élèves qui suivaient assidûment la visite de M. Griffon.

En effet, bientôt *le sujet* avait à répondre aux interrogatoires souvent les plus pénibles, les plus douloureux, et cela non pas seul à seul avec le médecin, qui, comme le prêtre, remplit un sacerdoce et a le droit de tout savoir ; non, il lui fallait répondre, à voix haute, devant une foule avide et curieuse.

Oui, dans ce pandæmonium de la science, vieillard ou jeune homme, fille ou femme, étaient obligés d'abjurer tout sentiment de pudeur ou de honte, et de faire les révélations les plus intimes, de se soumettre aux investigations matérielles les plus pénibles devant un nombreux public, et presque toujours ces cruelles formalités aggravaient les maladies.

Et cela n'était ni humain ni juste : c'est parce que le pauvre entre à l'hospice au nom saint et sacré de la *charité* qu'il doit être traité avec compassion, avec respect; car le malheur a sa majesté (1).

(1) Ceci n'a rien d'exagéré ; nous empruntons les passages suivants à un article du *Constitutionnel* (19 janvier 1836). Cet article, intitulé : *Une visite d'hôpital,* est signé Z, et nous savons que cette initiale cache le nom d'une de nos célébrités médicales, qui ne peut être accusée de partialité dans la question des hôpitaux civils :

« Lorsqu'un malade arrive à l'hôpital, on a soin d'inscrire aussitôt sur une pancarte le nom de l'arrivant, le numéro du lit, la désignation de la maladie, l'âge du malade, sa profession, sa demeure actuelle. Cette pancarte est ensuite appendue à l'une des extrémités du lit. *Cette mesure ne laisse pas d'avoir de graves inconvénients* pour ceux à qui des revers imprévus font temporairement partager le dernier refuge du pauvre. Croiriez-vous, par exemple, que ce fut là pour Gilbert, malade, une circonstance indifférente à sa guérison? J'ai vu des jeunes gens, j'ai vu des vieillards imprévoyants à qui cette divulgation de leur misère et de leur nom de famille inspirait une profonde tristesse.

» *C'est une rude corvée pour un malade que le jour où on l'admet à l'hôpital.* Jugez si le malade doit être fatigué dès le lendemain de son arrivée; dans l'espace de vingt-quatre heures, il s'est vu successivement interrogé : 1° par son propre médecin ; 2° par les médecins du bureau d'administration; 3° par le chirurgien de garde; 4° par l'interne de la salle;

. . . .

En lisant les lignes suivantes on comprendra pourquoi nous les avons fait précéder de quelques réflexions.

. . . .

Rien de plus attristant que l'aspect noc-

5° par le médecin sédentaire de l'hôpital, et enfin 6° le lendemain matin par le médecin en chef du service, ainsi que par *dix* ou *vingt* des élèves zélés et studieux qui suivent la clinique publique. Sans doute cela profite à l'expérience maintenant si précoce des jeunes médecins, autant qu'au progrès de l'art; *mais cela aggrave les maux ou retarde certainement la guérison du malade...*

» Un de ces malheureux disait un jour :

» — Je serais un accusé de cour d'assises que je n'aurais pas eu en quinze jours plus d'interrogatoires; cinquante personnes, depuis hier, m'ont harcelé de questions presque toutes semblables. Je n'avais qu'une pleurésie en entrant ici; mais je crains bien que l'insatiable curiosité de tant de personnes me donne à la fin une fluxion de poitrine.

» Une femme me disait :

» —On m'obsède à chaque instant, on veut connaître mon âge, mon tempérament, ma constitution, la couleur de mes cheveux, si j'ai la peau brune ou blanche, mon régime, mes habitudes, la santé de mes ascendants, les circonstances sous lesquelles je suis née, ma fortune, ma position, mes plus secrètes affections et le motif supposé de mes chagrins; on va jusqu'à scruter ma conduite, et jusqu'à épier des sentiments que je devrais soigneusement renfermer dans mon cœur, et dont le soupçon me fait rougir. Et

turne de la vaste salle d'hôpital où nous introduirons le lecteur.

Le long de ses grands murs sombres, percés çà et là de fenêtres grillagées comme celles des prisons, s'étendent deux rangées de lits parallèles, vaguement éclairées par la lueur sépulcrale d'un reverbère suspendu au plafond.

plus loin : — On frappe ma poitrine en vingt endroits et devant tout le monde ; *on y fait de vilaines marques d'encre pour indiquer apparemment le progrès des obstructions qui ont envahi mes entrailles.* — Les médecins d'à présent, — ajoutait cette femme, — ressemblent à des inquisiteurs; on guérit maintenant comme on punissait jadis, et cela me chagrine. »

Plus loin, après avoir décrit les formalités de la visite, M. Z. ajoute :

« Le docteur ne fait qu'apparaître au lit des anciens malades qui sont en voie de guérison ou convalescents; mais parvenu à un des lits occupés par des malades nouveaux ou en danger, il ne saurait en approcher qu'après avoir traversé la double haie d'étudiants, conservant là patiemment depuis le matin leur poste d'observateurs vigilants. Quant au malade, il reste muet et silencieux au milieu de cette foule curieuse et attentive, ET SOUVENT LA MALADIE S'AGGRAVE *en proportion de cette affluence, indiquant le danger et motivant toujours l'inquiétude.* Tandis que le patient envisage le médecin avec cette émotion qui participe de la confiance et de l'anxiété, celui-ci porte circulairement sur les assistants un regard de recueillement et de circonspection, qui s'illumine soudain en arrivant au malade, *dont le trouble intérieur est ainsi comblé.* »

L'atmosphère est si nauséabonde, si lourde que les nouveaux malades ne s'y *acclimatent* souvent pas sans danger ; ce surcroît de souffrance est une sorte de *prime* que tout nouvel arrivant paye inévitablement au sinistre séjour de l'hospice.

Au bout de quelque temps une certaine lividité morbide annonce que le malade a subi la première influence de ce milieu délétère, et qu'il est, nous l'avons dit, acclimaté (1).

L'air de cette salle immense est donc épais, fétide.

Çà et là le silence de la nuit est interrompu tantôt par des gémissements plaintifs, tantôt par de profonds soupirs arrachés par l'insomnie fébrile... puis tout se tait, et l'on n'entend plus que le balancement monotone et régulier du pendule d'une grosse horloge qui sonne ces heures si longues, si longues pour la douleur qui veille.

Une des extrémités de cette salle était presque plongée dans l'obscurité.

(1) A moins de circonstances très-urgentes, on ne pratique jamais de graves opérations chirurgicales avant que le malade soit *acclimaté*.

Tout à coup il se fit à cet endroit une sorte de tumulte et de bruit de pas précipités ; une porte s'ouvrit et se referma plusieurs fois ; une sœur de charité, dont on distinguait le vaste bonnet blanc et le vêtement noir à la clarté d'une lumière qu'elle portait, s'approcha d'un des derniers lits de la rangée de droite.

Quelques-unes des malades, éveillées en sursaut, se levèrent sur leur séant, attentives à ce qui se passait.

Bientôt les deux battants de la porte s'ouvrirent.

Un prêtre entra portant un crucifix... les deux sœurs s'agenouillèrent.

A la clarté de la lumière qui entourait ce lit d'une pâle auréole, tandis que les autres parties de la salle restaient dans l'ombre, on put voir l'aumônier de l'hospice se pencher vers la couche de misère en prononçant quelques paroles dont le son affaibli se perdit dans le silence de la nuit.

Au bout d'un quart d'heure le prêtre souleva l'extrémité d'un drap dont il recouvrit complétement le chevet du lit...

Puis il sortit.....

Une des sœurs agenouillées se releva, ferma les rideaux qui crièrent sur leurs tringles, et se remit à prier auprès de sa compagne.

Puis tout redevint silencieux.

Une des malades venait de mourir...

Parmi les femmes qui ne dormaient pas et qui avaient assisté à cette scène muette, se trouvaient trois personnes dont le nom a été déjà prononcé dans le cours de cette histoire :

Mademoiselle de Fermont, fille de la malheureuse veuve ruinée par la cupidité de Jacques Ferrand;

La Lorraine, pauvre blanchisseuse, à qui Fleur-de-Marie avait autrefois donné le peu d'argent qui lui restait, et Jeanne Duport, sœur de Pique-Vinaigre, le conteur de la Force.

Nous connaissons mademoiselle de Fermont et la sœur du conteur de la Force... Quant à la Lorraine, c'était une femme de vingt ans environ, d'une figure douce et régulière, mais d'une pâleur et d'une maigreur extrêmes; elle était phthisique au dernier degré, il ne restait aucun espoir de la sauver; elle le savait, et s'éteignait lentement.

La distance qui séparait les lits de ces deux femmes était assez petite pour qu'elles pussent causer à voix basse sans être entendues des sœurs.

— En voilà encore une qui s'en va — dit à demi-voix la Lorraine, en songeant à la morte et en se parlant à elle-même. — Elle ne souffrira plus!.. elle est bien heureuse!..

— Elle est bien heureuse... si elle n'a pas d'enfant... — ajouta Jeanne.

— Tiens... vous ne dormez pas... ma voisine... — lui dit la Lorraine. — Comment ça va-t-il, pour votre première nuit ici? Hier soir, dès en entrant, on vous a fait vous coucher... et je n'ai pas osé ensuite vous parler, je vous entendais sangloter.

— Oh! oui... j'ai bien pleuré...

— Vous avez donc grand mal?

— Oui, mais je suis dure au mal; c'est de chagrin que je pleurais... Enfin j'avais fini par m'endormir, je sommeillais, quand le bruit des portes m'a éveillée... Lorsque le prêtre est entré et que les bonnes sœurs se sont agenouillées, j'ai bien vu que c'était une femme qui se mourait.... alors j'ai dit en moi-même un *Pater* et un *Ave* pour elle...

— Moi aussi... et, comme j'ai la même maladie que la femme qui vient de mourir, je n'ai pu m'empêcher de m'écrier : En voilà une qui ne souffre plus; elle est bien heureuse!...

— Oui... comme je vous le disais... si elle n'a pas d'enfant!...

— Vous en avez donc... vous, des enfants?

— Trois... — dit la sœur de Pique-Vinaigre avec un soupir. — Et vous?

— J'ai eu une petite fille... mais je ne l'ai pas gardée long-temps... La pauvre enfant avait été frappée d'avance; j'avais eu trop de misère pendant ma grossesse... Je suis blanchisseuse au bateau; j'avais travaillé tant que j'ai pu aller... Mais tout a une fin; quand la force m'a manqué, le pain m'a manqué aussi... On m'a renvoyée de mon garni; je ne sais pas ce que je serais devenue, sans une pauvre femme qui m'a prise avec elle dans une cave où elle se cachait pour se sauver de son homme qui la voulait tuer. C'est là que j'ai accouché sur la paille; mais, par bonheur, cette brave

7

femme connaissait une jeune fille, belle et charitable comme un ange du bon Dieu ; cette jeune fille avait un peu d'argent; elle m'a retirée de ma cave, m'a bien établie dans un cabinet garni dont elle a payé un mois d'avance... me donnant en outre un berceau d'osier pour mon enfant, et quarante francs pour moi avec un peu de linge... Grâce à elle, j'ai pu me remettre sur pied et reprendre mon ouvrage...

— Bonne petite fille... Tenez, moi aussi j'ai rencontré par hasard comme qui dirait sa pareille, une jeune ouvrière bien serviable. J'étais allée... voir mon pauvre frère qui est prisonnier... — dit Jeanne après un moment d'hésitation — et j'ai rencontré au parloir cette ouvrière dont je vous parle : m'ayant entendu dire à mon frère que je n'étais pas heureuse, elle est venue à moi, bien embarrassée, pour m'offrir de m'être utile selon ses moyens, la pauvre enfant...

— Comme c'était bon à elle!..

— J'ai accepté : elle m'a donné son adresse, et, deux jours après, cette chère petite mademoiselle Rigolette... elle s'appelle Rigolette... m'avait fait une commande.

— Rigolette! — s'écria la Lorraine — voyez donc comme ça se rencontre !..

— Vous la connaissez?

— Non ; mais la jeune fille qui a été si généreuse pour moi a plusieurs fois prononcé devant moi le nom de mademoiselle Rigolette ; elles étaient amies ensemble...

— Eh bien ! — dit Jeanne en souriant tristement — puisque nous sommes voisines de lit, nous devrions être amies comme nos deux bienfaitrices.

— Bien volontiers ; moi je m'appelle Annette Gerbier, dit la Lorraine, blanchisseuse.

— Et moi, Jeanne Duport, ouvrière frangeuse... Ah ! c'est si bon, à l'hospice, de pouvoir trouver quelqu'un qui ne vous soit pas tout à fait étranger, surtout quand on y vient pour la première fois, et qu'on a beaucoup de chagrins !.. Mais je ne veux pas penser à cela... Dites-moi, la Lorraine, et comment s'appelait la jeune fille qui a été si bonne pour vous?

— Elle s'appelait la Goualeuse. Tout mon chagrin est de ne l'avoir pas revue depuis long-temps... Elle était jolie comme une

Sainte Vierge, avec de beaux cheveux blonds et des yeux bleus si doux, si doux... Malheureusement, malgré son secours, mon pauvre enfant est mort... à deux mois; il était si chétif, il n'avait que le souffle... et la Lorraine essuya une larme.

— Et votre mari?

— Je ne suis pas mariée... je blanchissais à la journée chez une riche bourgeoise de mon pays; j'avais toujours été sage, mais je m'en suis laissé conter par le fils de la maison, et alors...

— Ah! oui... je comprends.

— Quand j'ai vu l'état où je me trouvais, je n'ai pas osé rester au pays; M. Jules, c'était le fils de la riche bourgeoise, m'a donné cinquante francs pour venir à Paris, disant qu'il me ferait passer vingt francs tous les mois pour ma layette et pour mes couches; mais, depuis mon départ de chez nous, je n'ai plus jamais rien reçu de lui, pas seulement de ses nouvelles; je lui ai écrit une fois, il ne m'a pas répondu... je n'ai pas osé recommencer, je voyais bien qu'il ne voulait plus entendre parler de moi...

— Et c'est lui qui vous a perdue, pourtant, et il est riche?

— Sa mère a beaucoup de bien chez nous; mais que voulez-vous? je n'étais plus là... il m'a oubliée...

— Mais au moins... il n'aurait pas dû vous oublier, à cause de son enfant.

— C'est au contraire cela, voyez-vous, qui l'aura rendu mal pour moi; il m'en aura voulu d'être enceinte, parce que je lui devenais un embarras.

— Pauvre Lorraine!...

— Je regrette mon enfant, pour moi, mais pas pour elle; pauvre chère petite! elle aurait eu trop de misère et aurait été orpheline de trop bonne heure... car je n'en ai pas pour long-temps à vivre...

— On ne doit pas avoir de ces idées-là à votre âge. Est-ce qu'il y a beaucoup de temps que vous êtes malade?

— Bientôt trois mois... Dame, quand j'ai eu à gagner pour moi et mon enfant, j'ai redoublé de travail, j'ai repris trop vite mon ouvrage à mon bateau; l'hiver était très-froid, j'ai gagné une fluxion de poitrine : c'est à ce moment-là que j'ai perdu ma petite fille. En la veillant, j'ai négligé de me soigner... et puis par là-dessus le chagrin... enfin je suis poitrinaire... condamnée... comme l'était l'actrice qui vient de mourir.

— A votre âge il y a toujours de l'espoir.

— L'actrice n'avait que deux ans de plus que moi, et vous voyez.

— Celle que les bonnes sœurs veillent maintenant, c'était donc une actrice?

— Mon Dieu, oui, voyez le sort... Elle avait été belle comme le jour. Elle avait eu beaucoup d'argent, des équipages, des diamants; mais par malheur la petite vérole l'a défigurée; alors la gêne est venue, puis la misère, enfin la voilà morte à l'hospice. Du reste, elle n'était pas fière; au contraire, elle était bien douce et bien honnête pour toute la salle... Jamais personne n'est venu la voir; pourtant, il y a quatre ou cinq jours, elle nous disait qu'elle avait écrit à un monsieur qu'elle avait connu autrefois dans son beau temps, et qui l'avait bien aimée; elle lui écrivait pour le prier de venir réclamer son corps, parce que cela lui faisait mal de penser qu'elle serait disséquée... coupée en morceaux.

— Et ce monsieur... il est venu ?..

— Non.

— Ah! c'est bien mal.

— A chaque instant la pauvre femme demandait après lui... disant toujours : Oh! il viendra, oh! il va venir, bien sûr... et pourtant elle est morte sans qu'il soit venu...

— Sa fin lui aura été plus pénible encore.

— O mon Dieu! oui, car ce qu'elle craignait tant arrivera à son pauvre corps...

— Après avoir été riche, heureuse, mourir ici... c'est triste! Au moins, nous autres nous ne changeons que de misères...

— A propos de ça — reprit la Lorraine après un moment d'hésitation — je voudrais bien que vous me rendiez un service.

— Parlez...

— Si je mourais, comme c'est probable, avant que vous sortiez d'ici, je voudrais que vous réclamiez mon corps... J'ai la même peur que l'actrice... et j'ai mis là le peu d'argent qui me reste pour me faire enterrer.

— N'ayez donc pas de ces idées-là.

— C'est égal, me le promettez-vous?

— Enfin, Dieu merci, ça n'arrivera pas.

— Oui, mais si cela arrive, je n'aurai pas, grâce à vous, le même malheur que l'actrice.

— Pauvre dame, après avoir été riche, finir ainsi!

— Il n'y a pas que l'actrice dans cette salle qui ait été riche, madame Jeanne.

— Appelez-moi donc Jeanne... comme je vous appelle la Lorraine.

— Vous êtes bien bonne...

— Qui donc encore... a été riche aussi?

— Une jeune personne de quinze ans au plus, qu'on a amenée ici hier soir, avant que vous n'entriez. Elle était si faible qu'on était obligé de la porter... La sœur dit que cette jeune personne et sa mère sont des gens très comme il faut, qui ont été ruinés...

— Sa mère est ici aussi?

— Non, la mère était si mal, si mal, qu'on n'a pu la transporter... La pauvre jeune fille ne voulait pas la quitter, et on a profité de son évanouissement pour l'emmener... C'est le propriétaire d'un méchant garni où elles logeaient qui, de peur qu'elles ne meurent chez lui, a été faire sa déclaration au commissaire.

— Et où est-elle?

— Tenez... là... dans le lit en face de vous...

— Et elle a quinze ans?

— Mon Dieu! tout au plus...

— L'âge de ma fille aînée!... — dit Jeanne en ne pouvant retenir ses larmes.

CHAPITRE VI.

LA VISITE.

Jeanne Duport, à la pensée de sa fille, s'était mise à pleurer amèrement.

— Pardon — lui dit la Lorraine attristée — pardon, si je vous ai fait de la peine sans le vouloir en vous parlant de vos enfants... Ils sont peut-être malades aussi?

— Hélas, mon Dieu !... je ne sais pas ce qu'ils vont devenir si je reste ici plus de huit jours.

— Et votre mari?

Après un moment de silence, Jeanne reprit en essuyant ses larmes :

— Puisque nous sommes amies ensemble, la Lorraine, je peux vous dire mes peines, comme vous m'avez dit les vôtres... cela me soulagera... Mon mari était un bon ouvrier, il s'est dérangé, puis il m'a abandonnée, moi et mes enfants, après avoir vendu tout ce que nous possédions ; je me suis remise au travail, de bonnes âmes m'ont aidée, je commençais à être un peu à flot, j'élevais ma petite famille du mieux que je pouvais, quand mon mari est revenu, avec une mauvaise femme qui était sa maîtresse, me reprendre le peu que je possédais, et ça a été encore à recommencer.

—Pauvre Jeanne, vous ne pouviez pas empêcher cela ?

— Il aurait fallu me séparer devant la loi; mais la loi est trop chère, comme dit mon frère... Hélas ! mon Dieu... vous allez voir ce que ça fait que la loi soit trop chère pour nous, pauvres gens : il y a quelques jours je retourne voir mon frère... il me donne 3 fr. qu'il avait ramassés à conter des histoires aux autres prisonniers.

— On voit que vous êtes bien bons cœurs dans votre famille — dit la Lorraine qui, par une rare délicatesse d'instinct, n'interrogea pas Jeanne sur la cause de l'emprisonnement de son frère.

—Je reprends donc courage, je croyais que mon mari ne reviendrait pas de long-temps, car il avait pris chez nous tout ce qu'il pouvait prendre. Non... je me trompe...— ajouta la malheureuse en frissonnant...— il lui restait à prendre ma fille.., ma pauvre Catherine...

— Votre fille?

— Vous allez voir... vous allez voir. Il y a trois jours, j'étais à travailler avec mes enfants autour de moi; mon mari entre... Rien qu'à son air, je m'aperçois tout de suite qu'il a bu. —Je viens chercher Catherine, qu'il me dit. — Malgré moi je prends le bras de ma fille et je réponds à Duport : — Où veux-tu l'emmener?—Ça ne te regarde pas, c'est ma fille; qu'elle fasse son paquet et qu'elle me suive.— A ces mots-là, mon sang ne fait qu'un tour, car figurez-vous, la Lorraine, que cette mauvaise femme qui est avec mon mari... ça fait frémir à dire, mais enfin... c'est ainsi... elle le pousse depuis long-temps à tirer parti de notre fille... qui est jeune et jolie... Dites, quel monstre de femme!

—Ah! oui, c'est un vrai monstre.

— Emmener Catherine!—que je réponds à Duport—jamais; je sais ce que ta mauvaise femme voudrait en faire. — Tiens — me dit mon mari dont les lèvres étaient déjà toutes blanches de colère — ne m'obstine pas ou je t'assomme.—Là-dessus il prend ma fille par le bras en lui disant :—En route! Catherine. — La pauvre petite me sauta au cou en fondant en larmes et criant :—Je veux rester avec maman ! — Voyant ça, Duport devient furieux; il arrache ma fille d'après moi, me donne un coup de poing dans l'estomac qui me renverse par terre, et une fois par terre... une fois par terre... Mais voyez-vous, la Lorraine — dit la malheureuse femme en s'interrompant—bien sûr il n'a été si méchant que parce qu'il avait bu... enfin il trépigne sur moi... en m'accablant de sottises...

— Faut-il être mauvais, mon Dieu!...

— Mes pauvres enfants se jettent à ses genoux en demandant grâce, Catherine aussi; alors il dit à ma fille, en jurant comme un furieux:—Si tu ne viens pas avec moi, j'achève ta mère!..—Je vomissais le sang... je me sentais à moitié morte... je ne pouvais pas faire

un mouvement... mais je crie à Catherine :—
Laisse-moi tuer plutôt!... mais ne suis pas ton
père!..— Tu ne te tairas donc pas— me dit
Duport en me donnant un nouveau coup de
pied qui me fit perdre connaissance.

— Quelle misère!.. quelle misère!..

— Quand je suis revenue à moi, j'ai retrouvé mes deux petits garçons qui pleuraient.

— Et votre fille?...

— Partie!.. — s'écria la malheureuse mère
avec un accent et des sanglots déchirants —
oui... partie.. Mes autres enfants m'ont dit
que leur père l'avait battue... la menaçant, en
outre, de m'achever sur la place... Alors, que
voulez-vous? la pauvre enfant a perdu la tête...
elle s'est jetée sur moi pour m'embrasser...
elle a aussi embrassé ses petits frères en pleurant... et puis mon mari l'a entraînée!.. Ah!..
sa mauvaise femme l'attendait dans l'escalier...
j'en suis bien sûre!..

— Et vous ne pouviez pas vous plaindre au
commissaire?

— Dans le premier moment, je n'étais
qu'au chagrin de savoir Catherine partie...

mais j'ai senti bientôt de grandes douleurs dans tout le corps... je ne pouvais pas marcher... Hélas! mon Dieu! ce que j'avais tant redouté était arrivé. Oui, je l'avais dit à mon frère... un jour mon mari me battra si fort... si fort... que je serai obligée d'aller à l'hospice... Alors... mes enfants... qu'est-ce qu'ils deviendront?.. Et aujourd'hui m'y voilà, à l'hospice, et... je dis : Qu'est-ce qu'ils deviendront, mes enfants?..

— Mais il n'y a donc pas de justice, mon Dieu! pour les pauvres gens?

— Trop cher, trop cher pour nous, comme dit mon frère — reprit Jeanne Duport avec amertume. — Les voisins avaient été chercher le commissaire... son greffier est venu... ça me répugnait de dénoncer Duport... mais, à cause de ma fille, il l'a fallu... Seulement j'ai dit que dans une querelle que je lui faisais, parce qu'il voulait emmener ma fille, il m'avait *poussée*... que cela ne serait rien... mais que je voulais ravoir Catherine, parce que je craignais qu'une mauvaise femme, avec qui vivait mon mari, ne la débauchât.

— Et qu'est-ce qu'il vous a dit, le greffier?

— Que mon mari était dans son droit d'emmener sa fille, n'étant pas séparé d'avec moi; que ce serait un malheur si ma fille tournait mal par de mauvais conseils, mais que ce n'étaient que des suppositions et que ça ne suffisait pas pour porter plainte contre mon mari. — Vous n'avez qu'un moyen — m'a dit le greffier — plaidez au civil, demandez une séparation de corps, et alors les coups que vous a donnés votre mari, sa conduite avec une vilaine femme seront en votre faveur, et on le forcera de vous rendre votre fille: sans cela, il est dans son droit de la garder avec lui. — Mais plaider! je n'ai pas de quoi, mon Dieu! j'ai mes enfants à nourrir. — Que voulez-vous que j'y fasse? — a dit le greffier — c'est comme ça... — Oui — reprit Jeanne en sanglotant — il avait raison.... c'est comme ça... — et parce que... c'est comme ça... dans trois mois ma fille sera peut-être une créature des rues!.. tandis que si j'avais eu de quoi plaider pour me séparer de mon mari, cela ne serait pas arrivé.

— Mais cela n'arrivera pas; votre fille doit tant vous aimer...

— Mais elle est si jeune! à cet âge-là on n'a pas de défense, et puis la peur, les mauvais traitements, les mauvais conseils, les mauvais exemples, l'acharnement qu'on mettra peut-être à lui faire faire mal! Mon pauvre frère avait prévu tout ce qui arrive, lui; il me disait : — « Est-ce que tu crois que si cette » mauvaise femme et ton mari s'acharnent à » perdre cette enfant, il ne faudra pas qu'elle y » passe (1)? » — Mon Dieu! mon Dieu! pauvre Catherine, si douce, si aimante! et moi qui, cette année encore, lui voulais faire renouveler sa première communion!..

— Ah! vous avez bien de la peine... Et moi qui me plaignais — dit la Lorraine en essuyant ses yeux. — Et vos autres enfants?

— A cause d'eux j'ai fait ce que j'ai pu pour vaincre la douleur et ne pas entrer à l'hôpital, mais je n'ai pu résister.... Je vomis le sang trois ou quatre fois par jour, j'ai une fièvre qui me casse les bras et les jambes, je suis hors d'état de travailler... Au moins, en étant

---

(1). Nous rappellerons au lecteur que le père ou la mère sont admis à faire inscrire leur fille sur le livre de prostitution au bureau des mœurs.

vite guérie, je pourrai retourner auprès de mes enfants... si avant ils ne sont pas morts de faim ou emprisonnés comme mendiants. Moi ici... qui voulez-vous qui prenne soin d'eux, qui les nourrisse?

— Oh! c'est terrible... Vous n'avez donc pas de bons voisins?

— Ils sont aussi pauvres que moi... et ils ont cinq enfants déjà. Aussi deux enfants de plus!.. c'est lourd; pourtant ils m'ont promis de les nourrir... *un peu*, pendant huit jours... c'est tout ce qu'ils peuvent... et encore en prenant sur leur pain, et ils n'en n'ont pas déjà de trop; il faut donc que je sois guérie dans huit jours; oh! oui, guérie ou non, je sortirai tout de même.

— Mais, j'y pense, comment n'avez-vous pas songé à cette bonne petite ouvrière, mademoiselle Rigolette, que vous avez rencontrée en prison?... elle les aurait gardés, bien sûr, elle.

— J'y ai pensé... et quoique la pauvre petite ait peut-être aussi bien du mal à vivre... je lui ai fait dire ma peine par une voisine; malheureusement elle est à la campagne où elle va se marier, a-t-on dit chez la portière de sa maison.

— Ainsi dans huit jours... vos pauvres enfants... Mais non, vos voisins n'auront pas le cœur de les renvoyer...

— Mais que voulez-vous qu'ils fassent? ils ne mangent pas déjà selon leur faim, et il faudra encore qu'ils retirent aux leurs pour donner aux miens... Non, non, voyez-vous, il faut que je sois guérie dans huit jours... je l'ai déjà demandé à tous les médecins qui m'ont interrogée depuis hier, mais ils me répondaient en riant : C'est au médecin en chef qu'il faut s'adresser pour cela. Quand viendra-t-il donc, le médecin en chef, la Lorraine?

— Chut... je crois que le voilà... il ne faut par parler pendant qu'il fait sa visite — répondit tout bas la Lorraine.

En effet, pendant l'entretien des deux femmes, le jour était venu peu à peu.

Un mouvement tumultueux annonça l'arrivée du docteur Griffon, qui entra bientôt dans la salle, accompagné de son ami le comte de Saint-Remy, qui, portant, on le sait, un vif intérêt à madame de Fermont et à sa fille, était loin de s'attendre à trouver cette malheureuse jeune fille à l'hôpital.

En entrant dans la salle, les traits froids et sévères du docteur Griffon semblèrent s'épanouir ; jetant autour de lui un regard de satisfaction et d'autorité, il répondit d'un signe de tête protecteur à l'accueil empressé des sœurs.

La rude et austère physionomie du vieux comte de Saint-Remy était empreinte d'une profonde tristesse. La vanité de ses tentatives pour retrouver les traces de madame de Fermont, l'ignominieuse lâcheté du vicomte, qui avait préféré à la mort une vie infâme, l'écrasaient de chagrin.

— Eh bien ! — dit au comte le docteur Griffon d'un air triomphant — que pensez-vous de mon hôpital ?

— En vérité — répondit M. de Saint-Remy — je ne sais pourquoi j'ai cédé à votre désir ; rien n'est plus navrant que l'aspect de ces salles remplies de malades. Depuis mon entrée ici, mon cœur est cruellement serré.

— Bah ! bah ! dans un quart d'heure vous

n'y penserez plus ; vous qui êtes philosophe, vous trouverez ample matière à observations ; et puis enfin il était honteux que vous, un de mes plus vieux amis, vous ne connussiez pas le théâtre de ma gloire, de mes travaux, et que vous ne m'eussiez pas encore vu à l'œuvre. Je mets mon orgueil dans ma profession ; est-ce un tort ?

— Non, certes, et après vos excellents soins pour Fleur-de-Marie, que vous avez sauvée, je ne pouvais rien vous refuser. Pauvre enfant... quel charme touchant ses traits ont conservé malgré la maladie !..

— Elle m'a fourni un fait médical fort curieux ; je suis enchanté d'elle. A propos, comment a-t-elle passé cette nuit ? L'avez-vous vue ce matin avant de partir d'Asnières ?

— Non, mais la Louve, qui la soigne avec un dévouement sans pareil, m'a dit qu'elle avait parfaitement dormi. Pourrait-on aujourd'hui lui permettre d'écrire ?

Après un moment d'hésitation, le docteur répondit :

— Oui... Tant que le sujet n'a pas été complétement rétabli, j'ai craint pour lui la moindre émotion, la moindre tension d'esprit... Mais maintenant je ne vois aucun inconvénient à ce qu'elle écrive.

— Au moins elle pourra prévenir les personnes qui s'intéressent à elle...

— Sans doute... Ah çà! vous n'avez rien appris de nouveau sur le sort de madame de Fermont et de sa fille?

— Rien — dit M. de Saint-Remy en soupirant. — Mes constantes recherches n'ont eu aucun résultat. Je n'ai plus d'espoir que dans madame la marquise d'Harville, qui, m'a-t-on dit, s'intéresse vivement aussi à ces deux infortunées; peut-être a-t-elle quelques renseignements qui pourront me mettre sur la voie. Il y a trois jours je suis allé chez elle ; on m'a dit qu'elle arriverait d'un moment à l'autre. Je lui ai écrit à ce sujet, la priant de me répondre le plus tôt possible.

Pendant l'entretien de M. de Saint-Remy et du docteur Griffon, plusieurs groupes s'étaient peu à peu formés autour d'une grande table occupant le milieu de la salle; sur cette table était un registre où les élèves attachés à l'hôpital, et que l'on reconnaissait à leurs longs tabliers blancs, venaient tour à tour signer la *feuille de présence;* un grand nombre de jeunes étudiants studieux et empressés arrivaient successivement du dehors pour grossir le cortége scientifique du docteur Griffon, qui, ayant devancé de quelques minutes l'heure habituelle de sa visite, attendait qu'elle sonnât.

— Vous voyez, mon cher Saint-Remy, que mon état-major est assez considérable — dit le docteur Griffon avec orgueil, en montrant la foule qui venait assister à ses enseignements pratiques.

— Et ces jeunes gens vous suivent au lit de chaque malade?

— Ils ne viennent que pour cela...

— Mais tous ces lits sont occupés par des femmes?

— Eh bien!

— La présence de tant d'hommes doit leur inspirer une confusion pénible?

— Allons donc, un malade n'a pas de sexe...

— A vos yeux, peut-être; mais aux siens... la pudeur, la honte...

— Il faut laisser ces belles choses-là à la

porte, mon cher Alceste; ici nous commençons sur le vivant des expériences et des études que nous finissons à l'amphithéâtre sur le cadavre.

— Tenez, docteur, vous êtes le meilleur et le plus honnête des hommes, je vous dois la vie, je reconnais vos excellentes qualités; mais l'habitude et l'amour de votre art vous font envisager certaines questions d'une manière qui me révolte... Je vous laisse...— dit M. de Sainte-Remy en faisant un pas pour quitter la salle.

— Quel enfantillage!— s'écria le docteur Griffon en le retenant.

— Non, non, il est des choses qui me navrent et m'indignent; je prévois que ce serait un supplice pour moi que d'assister à votre visite... Je ne m'en irai pas, soit; mais je vous attends ici... près de cette table.

— Quel homme vous êtes avec vos scrupules!... Mais je ne vous tiens pas quitte. J'admets qu'il serait fastidieux pour vous d'aller de lit en lit; restez donc là, je vous appellerai pour deux ou trois cas assez curieux.

— Soit, puisque vous y tenez absolument, cela me suffira... et de reste.

Sept heures et demie sonnèrent.

— Allons, messieurs—dit le docteur Griffon, et il commença sa visite suivi d'un nombreux auditoire.

En arrivant au premier lit de la rangée droite, dont les rideaux étaient fermés, la sœur dit au docteur :

— Monsieur, le n° 1 est mort cette nuit à quatre heures et demie du matin.

— Si tard? cela m'étonne; hier matin je ne lui aurais pas donné la journée : a-t-on réclamé le corps?

— Non, monsieur le docteur.

— Tant mieux, il est beau, on ne pratiquera pas d'autopsie; je vais faire un heureux. —Puis, s'adressant à un des élèves de sa suite: —Mon cher Dunoyer, il y a long-temps que vous désirez un sujet; vous êtes inscrit le premier, celui-ci est à vous.

— Ah! monsieur, que de bontés!

— Je voudrais plus souvent récompenser votre zèle, mon cher ami; mais marquez le sujet, prenez possession... il y a tant de gaillards âpres à la curée.

Et le docteur passa outre.

L'élève, à l'aide d'un scalpel, incisa très-délicatement un F et un D (François Dunoyer) sur le bras de l'actrice défunte (1), pour prendre possession, comme disait le docteur.

Et la visite continua.

— La Lorraine — dit tout bas Jeanne Duport à sa voisine — qu'est-ce donc que tout ce monde qui suit le médecin?

— Ce sont des élèves et des étudiants...

— O mon Dieu! est-ce que tous ces jeunes gens seront là lorsque le médecin va m'interroger et me regarder?

— Hélas! oui.

— Mais c'est à la poitrine que j'ai mal... On ne m'examinera pas devant tous ces hommes?

---

(1) Personne n'est plus convaincu que nous du savoir et de l'humanité de la jeunesse studieuse et éclairée qui se voue à l'apprentissage de l'art de guérir; nous voudrions seulement que quelques-uns des maîtres qui l'enseignent lui donnassent de plus fréquents exemples de cette réserve compatissante, de cette douceur charitable qui peut avoir une si salutaire influence sur le moral des malades.

— Si, si, il le faut, ils le veulent... J'ai assez pleuré la première fois, je mourais de honte... Je résistais, on m'a menacée de me renvoyer... Il a bien fallu me décider, mais cela m'a fait une telle révolution, que j'en ai été bien plus malade... Jugez donc... presque nue... devant tant de monde... c'est bien pénible, allez...

— Devant le médecin lui seul... je comprends ça... si c'est nécessaire, et encore ça coûte beaucoup... Mais pourquoi devant tous ces jeunes gens?

— Ils apprennent et on leur enseigne sur nous... Que voulez-vous? nous sommes ici pour ça... c'est à cette condition qu'on nous reçoit à l'hospice.

— Ah! je comprends—dit Jeanne Duport avec amertume—on ne nous donne rien pour rien, à nous autres... Mais pourtant... il y a des occasions où ça ne peut pas être... Ainsi ma pauvre fille Catherine, qui a quinze ans, viendrait à l'hospice... est-ce qu'on oserait vouloir que devant tous ces jeunes gens?..oh! non, je crois que j'aimerais mieux la voir mourir chez nous.

— Si elle venait ici, il faudrait bien qu'elle

se résignât comme les autres, comme vous, comme moi ; mais taisons-nous, la Lorraine. Si cette pauvre demoiselle qui est là en face vous entendait... elle qui, dit-on, était riche... elle qui n'a peut-être jamais quitté sa mère, ça va être son tour... Jugez comme elle va être confuse et malheureuse.

— C'est vrai, mon Dieu ! c'est vrai, je frissonne rien que d'y penser...pour elle...Pauvre enfant !

— Silence, Jeanne, voilà le médecin !—dit la Lorraine.

CHAPITRE VII.

MADEMOISELLE DE FERMONT.

Après avoir rapidement visité plusieurs malades qui ne lui offraient rien de curieux et d'attachant, le docteur Griffon arriva enfin auprès de Jeanne Duport.

A la vue de cette foule empressée qui, avide de voir et de savoir, de connaître et d'apprendre, se pressait autour de son lit, la malheureuse femme, saisie d'un tremblement de crainte et de honte, s'enveloppa étroitement dans ses couvertures.

La figure sévère et méditative du docteur Griffon, son regard pénétrant, son sourcil toujours froncé par l'habitude de la réflexion, sa parole brusque, impatiente et brève, augmentaient encore l'effroi de Jeanne.

— Un nouveau *sujet!*

Dit le docteur en parcourant la pancarte où était inscrit le genre de la maladie de l'*entrante.* Après quoi il jeta sur Jeanne un long coup d'œil investigateur.

Il se fit un profond silence pendant lequel les assistants, à l'imitation du *prince de la science,* attachèrent curieusement leurs regards sur la malade.

Celle-ci, pour se dérober autant que possible à la pénible émotion que lui causaient tous ces yeux fixés sur elle, ne détacha pas les siens de ceux du médecin, qu'elle contemplait avec angoisse.

Après plusieurs minutes d'attention, le docteur, remarquant quelque chose d'anormal dans la teinte jaunâtre du globe de l'œil de la patiente, s'approcha plus près d'elle, et, du bout du doigt lui retroussant la paupière, il examina silencieusement le cristallin.

Puis plusieurs élèves, répondant à une sorte d'invitation muette de leur professeur, allèrent tour à tour observer l'œil de Jeanne.

Ensuite le docteur procéda à cet interrogatoire :

— Votre nom ?

— Jeanne Duport...—murmura la malade de plus en plus effrayée.

— Votre âge?

— Trente-six ans et demi.

— Plus haut donc... Le lieu de votre naissance?

— Paris.

— Votre état?

— Ouvrière frangeuse.

— Êtes-vous mariée ?

—Hélas, oui !.. monsieur—répondit Jeanne avec un profond soupir.

— Depuis quand?

— Depuis dix-huit ans.

— Avez-vous des enfants?

Ici, au lieu de répondre, la pauvre mère donna cours à ses larmes long-temps contenues.

— Il ne s'agit pas de pleurer, mais de répondre. Avez-vous des enfants?

— Oui, monsieur... deux petits garçons et une fille de seize ans.

Ici plusieurs questions qu'il nous est impossible de répéter, mais auxquelles Jeanne ne satisfit qu'en balbutiant et après plusieurs injonctions sévères du docteur ; la malheureuse femme se mourait de honte, obligée qu'elle était de répondre tout haut à de telles demandes devant ce nombreux auditoire.

Le docteur, complétement absorbé par sa préoccupation scientifique, ne songea pas le moins du monde à la cruelle confusion de Jeanne, et reprit :

— Depuis combien de temps êtes-vous malade ?

— Depuis quatre jours, monsieur — dit Jeanne en essuyant ses larmes.

— Racontez-nous comment votre maladie vous est survenue.

— Monsieur... c'est que... il y a tant de monde... je n'ose...

— Ah çà ! mais d'où sortez-vous, ma chère amie ? — dit impatiemment le docteur. — Ne voulez-vous pas que je fasse apporter ici un confessionnal ?... Voyons... parlez... et dépêchez-vous...

— Mon Dieu ! monsieur, c'est que ce sont des choses de famille...

— Soyez donc tranquille, nous sommes ici

en famille... en nombreuse famille, vous le voyez—ajouta le prince de la science qui était ce jour-là fort en gaieté. — Voyons, finissons.

De plus en plus intimidée, Jeanne dit en balbutiant et en hésitant à chaque mot:

— J'avais eu... monsieur... une querelle avec mon mari... au sujet de mes enfants... je veux dire de ma fille aînée... il voulait l'emmener... Moi, vous comprenez, monsieur, je ne voulais pas, à cause d'une vilaine femme avec qui il vivait, et qui pouvait donner de mauvais exemples à ma fille; alors mon mari, qui était gris... oh! oui, monsieur... sans cela... il ne l'aurait pas fait... mon mari m'a poussée très-fort... je suis tombée et puis, peu de temps après, j'ai commencé à vomir le sang.

— Ta, ta, ta, votre mari vous a poussée, et vous êtes tombée... vous nous la donnez belle... il a certainement fait mieux que vous pousser... il doit vous avoir parfaitement bien frappée dans l'estomac, à plusieurs reprises... Peut-être même vous aura-t-il foulée aux pieds... Voyons, répondez! dites la vérité.

— Ah! monsieur, je vous assure qu'il était gris... sans cela il n'aurait pas été si méchant.

9.

— Bon ou méchant, gris ou noir, il ne s'agit pas de ça, ma brave femme; je ne suis pas juge d'instruction, moi; je tiens tout bonnement à préciser un fait : vous avez été renversée et foulée aux pieds avec fureur, n'est-ce pas?

— Hélas! oui, monsieur — dit Jeanne en fondant en larmes—et pourtant je ne lui ai jamais donné un sujet de plainte... je travaille autant que je peux et je...

— L'épigastre doit être douloureux? vous devez y ressentir une grande chaleur? — dit le docteur en interrompant Jeanne—vous devez éprouver du malaise, de la lassitude, des nausées?

— Oui, monsieur... Je ne suis venue ici qu'à la dernière extrémité, quand la force m'a tout à fait manqué; sans cela, je n'aurais pas abandonné mes enfants... dont je vais être si inquiète, car ils n'ont que moi... Et puis Catherine... ah! c'est elle surtout qui me tourmente, monsieur... si vous saviez...

— Votre langue!— dit le docteur Griffon en interrompant de nouveau la malade.

Cet ordre parut si étrange à Jeanne, qui

avait cru apitoyer le docteur, qu'elle ne lui répondit pas tout d'abord et le regarda avec ébahissement.

— Voyons donc cette langue dont vous vous servez si bien — dit le docteur en souriant; puis il baissa du bout du doigt la mâchoire inférieure de Jeanne.

Après avoir fait successivement et longuement tâter et examiner par ses élèves la langue du sujet afin d'en constater la couleur et la sécheresse, le docteur se recueillit un moment. Jeanne, surmontant sa crainte, s'écria d'une voix tremblante :

— Monsieur, je vais vous dire... des voisins aussi pauvres que moi ont bien voulu se charger de deux de mes enfants, mais pendant huit jours seulement... C'est déjà beaucoup... Au bout de ce temps, il faut que je retourne chez moi... Aussi, je vous en supplie, pour l'amour de Dieu ! guérissez-moi le plus vite possible... ou à peu près... que je puisse seulement me lever et travailler, je n'ai que huit jours devant moi... car...

— Face décolorée, état de prostration complète; cependant pouls assez fort, dur et fréquent—dit imperturbablement le docteur en désignant Jeanne.—Remarquez-le bien, messieurs : oppression, chaleur à l'épigastre, tous ces symptômes annoncent certainement une *hématémèse*...probablement compliquée d'une hépatite causée par des chagrins domestiques, ainsi que l'indique la coloration jaunâtre du globe de l'œil ; le sujet a reçu des coups violents dans les régions de l'épigastre et de l'abdomen ; le vomissement de sang est nécessairement causé par quelque lésion organique de certains viscères... A ce propos, j'appellerai votre attention sur un point très-curieux, fort curieux : les ouvertures cadavériques de ceux qui sont morts de l'affection dont le sujet est atteint offrent des résultats singulièrement variables ; souvent la maladie, très-aiguë et très-grave, emporte le malade en peu de jours, et l'on ne trouve aucune trace de son existence ; d'autres fois, la rate, le foie, le pancréas, offrent des lésions plus ou moins profondes... Il est probable que le sujet dont nous nous occupons a souffert quelques-unes de ces lésions ; nous allons donc tâcher de nous en assurer, et vous vous en assurerez vous-mêmes par un examen attentif du malade...

Et, d'un mouvement rapide, le docteur Griffon, rejetant la couverture au pied du lit, découvrit presque entièrement Jeanne.

Nous répugnons à peindre l'espèce de lutte douloureuse de cette infortunée, qui sanglotait, éperdue de honte, implorant le docteur et son auditoire.

Mais à cette menace... *On va vous mettre dehors de l'hospice si vous ne vous soumettez pas aux usages établis,* menace si écrasante pour ceux dont l'hospice est l'unique et dernier refuge, Jeanne se soumit à une investigation publique qui dura long-temps... très-longtemps... car le docteur Griffon analysait, expliquait chaque symptôme, et les plus studieux des assistants voulurent ensuite joindre la pratique à la théorie et s'assurer par eux-mêmes de l'état physique du sujet.

Ensuite de cette scène cruelle, Jeanne éprouva une émotion si violente qu'elle tomba dans une crise nerveuse pour laquelle le docteur Griffon donna une prescription supplémentaire.

La visite continua.

Le docteur Griffon arriva bientôt auprès du lit de mademoiselle Claire de Fermont, victime comme sa mère de la cupidité de Jacques Ferrand. Terrible et nouvel exemple des conséquences sinistres qu'entraîne après soi un abus de confiance, ce délit si faiblement puni par la loi!

Mademoiselle de Fermont, coiffée du bonnet de toile fourni par l'hôpital, appuyait languissamment sa tête sur le traversin de son lit; à travers les ravages de la maladie, on retrouvait sur ce candide et doux visage les traces d'une beauté pleine de distinction.

Après une nuit de douleurs aiguës, la pauvre enfant était tombée dans une sorte d'assoupissement fébrile, et lorsque le docteur et son cortége scientifique étaient entrés dans la salle, le bruit de la visite ne l'avait pas réveillée.

— Un nouveau sujet, messieurs! — dit le prince de la science en parcourant la pancarte qu'un élève lui présenta. — Maladie... *fièvre lente, nerveuse*... Peste! — s'écria le docteur avec une expression de satisfaction profonde — si l'interne de service ne s'est pas trompé dans son diagnostic, c'est une excellente aubaine; il y a fort long-temps que je désirais une fièvre lente nerveuse... car ce n'est généralement pas une maladie de pauvres... Ces affections naissent presque toujours ensuite de graves perturbations dans la position sociale du sujet... et il va sans dire que plus la position est élevée, plus la perturbation est profonde. C'est du reste une affection des plus remarquables par ses caractères particuliers. Elle remonte à la plus haute antiquité ; les écrits d'Hippocrate ne laissent aucun doute à cet égard, et c'est tout simple ; cette fièvre, je l'ai dit, a presque toujours pour cause les chagrins les plus violents... Or, le chagrin est vieux comme le monde... Pourtant, chose singulière, avant le dix-huitième siècle cette maladie n'avait été exactement décrite par aucun auteur; c'est Huxham, qui honore à tant de titres la médecine de cette époque, c'est Huxham, dis-je, qui le premier a donné une monographie de la fièvre nerveuse, monographie qui est devenue classique... et pourtant c'était une maladie de vieille roche — ajouta le docteur en riant. — Eh eh eh!.. elle appartient à cette grande, antique et illustre famille *febris* dont l'origine se perd dans la nuit des temps... Mais ne nous réjouissons pas trop... voyons si en effet nous avons le bonheur de posséder ici un échantillon de cette curieuse affection... Cela se trouverait doublement désirable, car il y a très-long-temps que j'ai envie d'essayer l'usage interne du phosphore... Oui, messieurs — reprit le docteur en entendant dans son auditoire une sorte de frémissement de curiosité—oui, messieurs, du phosphore... c'est une expérience fort curieuse que je veux tenter... elle est audacieuse!... mais *audaces fortuna juvat*..... et l'occasion sera excellente. Nous allons d'abord examiner si le sujet va nous offrir sur toutes les parties de son corps, et principalement sur la poitrine, cette éruption miliaire si symptomatique selon Huxham... et vous vous assurerez vous-mêmes, en palpant le sujet, de l'espèce de rugosité que cette éruption entraîne... Mais ne vendons pas la peau de l'ours avant de l'avoir mis par terre— ajouta le prince de la science qui se trouvait décidément fort en gaieté.

Et il secoua légèrement l'épaule de mademoiselle de Fermont pour l'éveiller.

La jeune fille tressaillit et ouvrit ses grands yeux creusés par la maladie.

Que l'on juge de sa stupeur, de son épouvante...

Pendant qu'une foule d'hommes entouraient son lit et la couvaient des yeux, elle sentit la main du docteur écarter sa couverture et se glisser dans son lit, afin de lui prendre la main pour lui tâter le pouls.

Mademoiselle de Fermont, rassemblant toutes ses forces dans un cri d'angoisse et de terreur, s'écria :

— Ma mère!.. au secours!.. ma mère!..

Par un hasard presque providentiel, au moment où les cris de mademoiselle de Fermont faisaient bondir le vieux comte de Saint-Remy sur sa chaise, car il reconnaissait cette voix, la porte de la salle s'ouvrit, et une jeune femme, vêtue de deuil, entra précipitamment, accompagnée du directeur de l'hospice.

Cette femme était la marquise d'Harville...

— De grâce, monsieur — dit-elle au directeur avec la plus grande anxiété — conduisez-moi auprès de mademoiselle de Fermont.

— Veuillez vous donner la peine de me suivre, madame la marquise — répondit respectueusement le directeur. — Cette demoiselle est au numéro 17 de cette salle.

— Malheureuse enfant!.. ici... ici... — dit madame d'Harville en essuyant ses larmes — ah! c'est affreux...

La marquise, précédée du directeur, s'approchait rapidement du groupe rassemblé auprès du lit de mademoiselle de Fermont, lorsqu'on entendit ces mots prononcés avec indignation :

— Je vous dis que cela est un meurtre infâme, vous la tuerez, monsieur.

— Mais, mon cher Saint-Remy, écoutez-moi donc...

— Je vous répète, monsieur, que votre conduite est atroce. Je regarde mademoiselle de Fermont comme ma fille, je vous défends d'en approcher, je vais la faire immédiatement transporter hors d'ici.

— Mais, mon cher ami, c'est un cas de fièvre lente nerveuse, très-rare... Je voulais essayer du phosphore... C'était une occasion unique. Promettez-moi au moins que je la soignerai, n'importe où vous l'emmeniez, puisque vous privez ma clinique d'un sujet aussi précieux...

— Si vous n'étiez pas un fou... vous seriez un monstre — reprit le comte de Saint-Remy.

Clémence écoutait ces mots avec une angoisse croissante; mais la foule était si compacte autour du lit, qu'il fallut que le directeur dît à voix haute :

— Place, messieurs, s'il vous plaît... place à madame la marquise d'Harville, qui vient voir le numéro 17.

A ces mots, les élèves se rangèrent avec autant d'empressement que de respectueuse admiration, en voyant la charmante figure de Clémence, que l'émotion colorait des plus vives couleurs.

— Madame d'Harville! — s'écria le comte de Saint-Remy en écartant rudement le docteur — et en se précipitant vers Clémence. — Ah! c'est Dieu... qui envoie ici un de ses anges... Madame... je savais que vous vous intéressiez à ces deux infortunées... Plus heureuse que moi, vous les avez trouvées... tandis que moi, c'est... le hasard... qui m'a conduit ici... et pour assister à une scène d'une barbarie inouïe..... Malheureuse enfant!... Voyez, madame... voyez... Et vous, messieurs... au nom de vos filles ou de vos sœurs, ayez pitié d'une enfant de seize ans, je vous en supplie... laissez-la seule avec madame et ces bonnes religieuses. Lorsqu'elle aura repris ses sens... je la ferai transporter hors d'ici.

— Soit... je signerai sa sortie — s'écria le docteur; — mais je m'attacherai à ses pas... mais je me cramponnerai à vous. C'est un sujet qui m'appartient... et vous aurez beau faire... je la soignerai... je ne risquerai pas le phosphore, bien entendu, mais je passerai les nuits s'il le faut... comme je les ai passées auprès de vous, ingrat Saint-Remy... car cette fièvre est aussi curieuse que l'était la vôtre... Ce sont deux sœurs qui ont le même droit à mon intérêt.

— Maudit homme, pourquoi avez-vous tant de science?... — dit le comte, sachant qu'en effet il ne pourrait confier mademoiselle de Fermont à des mains plus habiles.

— Eh! mon Dieu, c'est tout simple! — lui dit le docteur à l'oreille — j'ai beaucoup de science, parce que j'étudie, parce que j'essaie, parce que je risque et pratique beaucoup sur mes *sujets*... soit dit sans calembour... Ah çà, j'aurai donc ma fièvre lente... vilain bourru?

— Oui, mais cette jeune fille est-elle transportable?

— Certainement.

— Alors... pour Dieu... retirez-vous...

— Allons, messieurs — dit le prince de la science — notre clinique sera privée d'une étude précieuse... mais je vous tiendrai au courant...

Et le docteur Griffon, accompagné de son auditoire, continua sa visite, laissant M. de Saint-Remy et madame d'Harville auprès de mademoiselle de Fermont.

CHAPITRE VIII.

FLEUR-DE-MARIE.

Pendant la scène que nous venons de raconter, mademoiselle de Fermont, toujours évanouie, était restée livrée aux soins empressés de Clémence et des deux religieuses; l'une d'elles soutenait la tête pâle et appesantie de la jeune fille, pendant que madame d'Harville, penchée sur le lit, essuyait avec son mouchoir la sueur glacée qui inondait le front de la malade.

Profondément ému, M. de Saint-Remy contemplait ce tableau touchant, lorsqu'une funeste pensée lui traversant tout à coup l'esprit, il s'approcha de Clémence et lui dit à voix basse :

— Et la mère de cette infortunée, madame?...

La marquise se retourna vers M. de Saint-Remy, et lui répondit avec une tristesse navrante :

— Cette enfant... n'a plus de mère... monsieur...

— Grand Dieu!... morte!!!

— J'ai appris seulement hier soir, à mon retour, l'adresse de madame de Fermont... et son état désespéré... A une heure du matin, j'étais chez elle avec mon médecin... Ah! monsieur!... quel tableau!... la misère dans toute son horreur... et aucun espoir de sauver cette pauvre mère expirante!...

— Oh! que son agonie a dû être affreuse, si la pensée de sa fille lui était présente!...

— Son dernier mot a été : Ma fille!

— Quelle mort... mon Dieu!... Elle, mère si tendre, si dévouée... C'est épouvantable!...

Une des religieuses vint interrompre l'entretien de M. de Saint-Remy et de madame d'Harville, en disant à celle-ci :

— La jeune demoiselle est bien faible...

elle entend à peine; tout à l'heure peut-être elle reprendra un peu de connaissance... cette secousse l'a brisée... Si vous ne craigniez pas, madame, de rester là... en attendant que la malade revienne tout à fait à elle, je vous offrirais ma chaise.

— Donnez... donnez — dit Clémence en s'asseyant auprès du lit; — je ne quitterai pas mademoiselle de Fermont; je veux qu'elle voie au moins une figure amie lorsqu'elle ouvrira les yeux... ensuite je l'emmènerai avec moi, puisque le médecin trouve heureusement qu'on peut la transporter sans danger...

— Ah! madame, soyez bénie pour le bien que vous faites — dit M. de Saint-Remy; — mais pardonnez-moi de ne pas vous avoir encore dit mon nom; tant de chagrins... tant d'émotions... Je suis le comte de Saint-Remy, madame... le mari de madame de Fermont était mon ami le plus intime... J'habitais Angers... j'ai quitté cette ville dans mon inquiétude de ne recevoir aucune nouvelle de ces deux nobles et dignes femmes; elles avaient jusqu'alors habité cette ville, et on les disait complétement ruinées : leur position était d'autant plus pénible que jusqu'alors elles avaient vécu dans l'aisance.

— Ah! monsieur... vous ne savez pas tout... madame de Fermont a été indignement dépouillée...

— Par son notaire, peut-être? Un moment j'en avais eu le soupçon.

— Cet homme était un monstre, monsieur... Hélas! ce crime n'est pas le seul qu'il ait commis... Mais heureusement — dit Clémence avec exaltation en songeant à Rodolphe — un génie providentiel en a fait justice, et j'ai pu fermer les yeux de madame de Fermont en la rassurant sur l'avenir de sa fille... Sa mort a été ainsi moins cruelle...

— Je le comprends; sachant à sa fille un appui tel que le vôtre, madame, ma pauvre amie a dû mourir plus tranquille...

— Non-seulement mon vif intérêt est à tout jamais acquis à mademoiselle de Fermont... mais sa fortune lui sera rendue...

—Sa fortune!... Comment?...Le notaire?...

— A été forcé de restituer la somme... qu'il s'était appropriée par un crime horrible...

— Un crime?...

— Cet homme avait assassiné le frère de madame de Fermont pour faire croire que ce malheureux s'était suicidé après avoir dissipé la fortune de sa sœur...

— C'est horrible!... Mais c'est à n'y pas croire... et pourtant, par suite de mes soupçons sur le notaire, j'avais conservé de vagues doutes sur la réalité de ce suicide... car Renneville était l'honneur, la loyauté même. Et la somme que le notaire a restituée?...

— Est déposée chez un prêtre vénérable, M. le curé de Bonne-Nouvelle; elle sera remise à mademoiselle de Fermont.

— Cette restitution ne suffit pas à la justice des hommes, madame!... L'échafaud réclame ce notaire... car il n'a pas commis un meurtre... mais deux meurtres... La mort de madame de Fermont, les souffrances que sa fille endure sur ce lit d'hôpital ont été causées par l'infâme abus de confiance de ce misérable!

— Et ce misérable a commis un autre meurtre aussi affreux... aussi atrocement combiné.

— Que dites-vous, madame?

— S'il s'est défait du frère de madame de Fermont par un prétendu suicide, afin de s'assurer l'impunité, il y a peu de jours il s'est défait d'une malheureuse jeune fille qu'il avait intérêt à perdre en la faisant noyer... certain qu'on attribuerait cette mort à un accident.

M. de Saint-Remy tressaillit, regarda madame d'Harville avec surprise en songeant à Fleur-de-Marie, et s'écria :

— Ah! mon Dieu, madame, quel étrange rapport!...

— Qu'avez-vous, monsieur?...

— Cette jeune fille!... où a-t-il voulu la noyer?

— Dans la Seine... près d'Asnières, m'a-t-on dit...

— C'est elle!... c'est elle!... — s'écria M. de Saint-Remy.

— De qui parlez-vous, monsieur?

— De la jeune fille que ce monstre avait intérêt à perdre...

— Fleur-de-Marie!!!

— Vous la connaissez, madame?

— Pauvre enfant... je l'aimais tendrement... Ah! si vous saviez, monsieur, combien elle était belle et touchante... mais comment se fait-il?...

— Le docteur Griffon et moi nous lui avons donné les premiers secours...

— Les premiers secours? à elle?... et où cela?

— A l'île du Ravageur... quand on l'a eu sauvée...

— Sauvée, Fleur-de-Marie... sauvée?...

— Par une brave créature qui, au risque de sa vie, l'a retirée de la Seine... Mais qu'avez-vous, madame?...

— Ah! monsieur, je n'ose croire encore à tant de bonheur... mais je crains encore d'être dupe d'une erreur... Je vous en supplie, dites-moi, cette jeune fille... comment est-elle?

— D'une admirable beauté... une figure d'ange...

— De grands yeux bleus..... des cheveux blonds?

— Oui, madame.

— Et quand on l'a noyée... elle était avec une femme âgée?

— En effet, depuis hier seulement qu'elle

a pu parler (car elle est encore bien faible), elle nous a dit cette circonstance... Une femme âgée l'accompagnait.

— Dieu soit béni! — s'écria Clémence en joignant les mains avec ferveur — je pourrai *lui* apprendre que sa protégée vit encore (1). Quelle joie pour lui, qui dans sa dernière lettre me parlait de cette pauvre enfant avec des regrets si pénibles!... Pardon, monsieur! mais si vous saviez combien ce que vous m'apprenez me rend heureuse... et pour moi, et pour une personne... qui, plus que moi encore, a aimé et protégé Fleur-de-Marie!... Mais de grâce, à cette heure... où est-elle?

— Près d'Asnières... dans la maison de l'un des médecins de cet hôpital... le docteur Griffon, qui, malgré des travers que je dé-

(1) Madame d'Harville, arrivée seulement de la veille, ignorait que Rodolphe avait découvert que la Goualeuse (qu'il croyait morte) était sa fille. Quelques jours auparavant, le prince, en écrivant à la marquise, lui avait appris les nouveaux crimes du notaire ainsi que les restitutions qu'il l'avait obligé à faire. C'est par les soins de M. Badinot que l'adresse de madame de Fermont, passage de la Brasserie, avait été découverte, et Rodolphe en avait aussitôt fait part à madame d'Harville.

plore, a d'excellentes qualités... car c'est chez lui que Fleur-de-Marie a été transportée; et depuis il lui a prodigué les soins les plus constants.

— Et elle est hors de tout danger?

— Oui, madame, depuis deux ou trois jours seulement. Et aujourd'hui on lui permettra d'écrire à ses protecteurs.

— Oh! c'est moi, monsieur... c'est moi qui me chargerai de ce soin... ou plutôt c'est moi qui aurai la joie de la conduire auprès de ceux qui, la croyant morte, la regrettent si amèrement.

— Je comprends ces regrets, madame... car il est impossible de connaître Fleur-de-Marie sans rester sous le charme de cette angélique créature : sa grâce et sa douceur exercent sur tous ceux qui l'approchent un empire indéfinissable... La femme qui l'a sauvée, et qui depuis l'a veillée jour et nuit comme elle aurait veillé son enfant, est une personne courageuse et dévouée, mais d'un caractère si habituellement emporté qu'on l'a surnommée *la Louve*... jugez!... Eh bien, un mot de Fleur-de-Marie la bouleverse... je l'ai vue sangloter, pousser des cris de désespoir, lorsque ensuite d'une crise fâcheuse le docteur Griffon avait presque désespéré de la vie de Fleur-de-Marie.

— Cela ne m'étonne pas... je connais la Louve.

— Vous, madame? — dit M. de Saint-Remy surpris — vous connaissez la Louve (1)?

— En effet, cela doit vous étonner, monsieur — dit la marquise en souriant doucement; car Clémence était heureuse... oh! bien heureuse... en songeant à la douce surprise qu'elle ménageait au prince.

Quel eût été son enivrement, si elle avait su que c'était une fille qu'il croyait morte... qu'elle allait ramener à Rodolphe!...

— Ah! monsieur — dit-elle à M. de Saint-Remy — ce jour est si beau... pour moi... que je voudrais qu'il le fût aussi pour d'autres; il me semble qu'il doit y avoir ici bien des infortunes honnêtes à soulager, ce serait

(1) Dans sa visite à Saint-Lazare, madame d'Harville avait entendu parler de la Louve par madame Armand, la surveillante.

une digne manière de célébrer l'excellente nouvelle que vous me donnez. — Puis s'adressant à la religieuse qui venait de faire boire quelques cuillerées d'une potion à mademoiselle de Fermont : — Eh bien !... ma sœur, reprend-elle ses sens?

— Pas encore... madame... elle est si faible. Pauvre demoiselle! à peine si l'on sent les battements de son pouls.

— J'attendrai pour l'emmener qu'elle soit en état d'être transportée dans ma voiture... Mais, dites-moi, ma sœur, parmi toutes ces malheureuses malades, n'en connaîtriez-vous pas qui méritassent particulièrement l'intérêt et la pitié, et à qui je pourrais être utile avant de quitter cet hospice?

— Ah! madame... c'est Dieu qui vous envoie... — dit la sœur; — il y a là — ajouta-t-elle en montrant le lit de la sœur de Pique-Vinaigre — une pauvre femme très-malade et très à plaindre : elle n'est entrée ici qu'à bout de ses forces; elle se désole sans cesse parce qu'elle a été obligée d'abandonner deux petits enfants qui n'ont qu'elle au monde pour soutien... Elle disait tout à l'heure à

M. le docteur qu'elle voulait sortir, guérie ou non, dans huit jours, parce que ses voisins lui avaient promis de garder ses enfants seulement une semaine... et qu'après ce temps ils ne pourraient plus s'en charger.

— Conduisez-moi à son lit, je vous prie, ma sœur — dit madame d'Harville en se levant et en suivant la religieuse.

Jeanne Duport, à peine remise de la crise violente que lui avaient causée les investigations du docteur Griffon, ne s'était pas aperçue de l'entrée de Clémence d'Harville dans la salle de l'hospice.

Quel fut donc son étonnement lorsque la marquise, soulevant les rideaux de son lit, lui dit en attachant sur elle un regard rempli de commisération et de bonté :

— Ma bonne mère... il ne faut plus être inquiète de vos enfants, j'en aurai soin; ne songez donc qu'à vous guérir pour les aller bien vite retrouver !

Jeanne Duport croyait rêver.

A cette même place, où le docteur Griffon et son studieux auditoire lui avaient fait subir une cruelle inquisition, elle voyait une jeune femme d'une ravissante beauté venir à elle avec des paroles de pitié, de consolation et d'espérance.

L'émotion de la sœur de Pique-Vinaigre était si grande qu'elle ne put prononcer une parole; elle joignit seulement les mains comme si elle eût prié, en regardant sa bienfaitrice inconnue avec adoration.

— Jeanne, Jeanne... — lui dit tout bas la Lorraine — répondez donc à cette bonne dame... — Puis la Lorraine ajouta en s'adressant à la marquise : — Ah! madame... vous la sauvez... Elle serait morte de désespoir en pensant à ses enfants, qu'elle voyait déjà abandonnés... N'est-ce pas, Jeanne?

— Encore une fois, rassurez-vous, ma bonne mère... n'ayez aucune inquiétude — reprit la marquise en pressant dans ses petites mains délicates et blanches la main brûlante de Jeanne Duport. — Rassurez-vous... ne soyez plus inquiète de vos enfants... et même, si vous le préférez, vous sortirez aujourd'hui de l'hospice, on vous soignera chez vous... rien ne vous manquera... de la sorte vous ne quitterez pas vos chers enfants... Si votre logement est insalubre ou trop petit, on vous en trouvera tout de suite un plus convenable... afin que vous soyez, vous, dans une chambre, et vos enfants dans une autre... Vous aurez une bonne garde-malade qui les surveillera tout en vous soignant... Enfin, lorsque vous serez rétablie, si vous manquez d'ouvrage, je vous mettrai à même d'attendre qu'il vous en arrive... et dès aujourd'hui je me charge de l'avenir de vos enfants...

— Ah! mon bon Dieu! qu'est-ce que j'entends! les chérubins descendent donc du ciel comme dans les livres d'église! — dit Jeanne Duport tremblante, égarée, osant à peine regarder sa bienfaitrice. — Pourquoi tant de bontés pour moi? qu'ai-je fait pour cela?... Ça n'est pas possible! Moi sortir de l'hospice, où j'ai déjà tant pleuré, tant souffert! ne plus quitter mes enfants!... avoir une garde-malade!... mais c'est comme un miracle du bon Dieu!

Et la pauvre femme disait vrai.

Si l'on savait combien il est doux et facile de faire souvent et à peu de frais de ces *miracles!*

Hélas! pour certaines infortunes abandonnées ou repoussées de tous... un salut immédiat, inespéré, accompagné de paroles bienveillantes, d'égards tendrement charitables, ne doit-il pas avoir, n'a-t-il pas l'apparence surnaturelle d'un *miracle?*...

Ainsi était-il *humainement* permis à Jeanne Duport, non pas d'espérer, mais seulement de rêver à la probabilité de la fortune inouïe que lui assurait madame d'Harville.

— Ce n'est pas un miracle, ma bonne mère — répondit Clémence vivement émue; — ce que je fais pour vous — ajouta-t-elle en rougissant légèrement au souvenir de Rodolphe — ce que je fais pour vous m'est inspiré par un généreux esprit qui m'a appris à compatir au malheur... c'est lui qu'il faut remercier et bénir...

— Ah! madame!... je bénirai vous et les vôtres!... — dit Jeanne Duport en pleurant. — Je vous demande pardon de m'exprimer si mal... mais je n'ai pas l'habitude de ces grandes joies... c'est la première fois que cela m'arrive!...

— Eh bien!... voyez-vous, Jeanne — dit la

Lorraine attendrie — il y a aussi parmi les riches des Rigolettes et des Goualeuses... en grand... il est vrai... mais quant au bon cœur... c'est la même chose!

Madame d'Harville se retourna toute surprise vers la Lorraine en lui entendant prononcer ces deux noms.

— Vous connaissez la Goualeuse et une jeune ouvrière nommée Rigolette? — demanda Clémence à la Lorraine.

— Oui, madame... La Goualeuse... bon petit ange, a fait l'an passé pour moi, mais, dame! selon ses pauvres moyens, ce que vous faites pour Jeanne... Oui, madame... oh! ça me fait du bien à dire et à répéter à tout le monde, la Goualeuse m'a retirée d'une cave où je venais d'accoucher sur la paille..... et le cher petit ange m'a établie, moi et mon enfant, dans une chambre où il y avait un bon lit et un berceau... La Goualeuse avait fait ces dépenses-là par pure charité... car elle me connaissait à peine et était pauvre elle-même... C'est beau, cela, n'est-ce pas, madame?—dit la Lorraine avec exaltation.

— Oh!.. oui... la charité du pauvre envers

le pauvre est grande et sainte—dit Clémence les yeux mouillés de douces larmes.

— Il en a été de même de mademoiselle Rigolette, qui, selon ses moyens de petite ouvrière—reprit la Lorraine—avait, il y a quelques jours, offert ses services à Jeanne.

— Quel singulier rapprochement!..— se dit Clémence de plus en plus émue, car chacun de ces deux noms : la Goualeuse et Rigolette, lui rappelait une noble action de Rodolphe.— Et vous, mon enfant, que puis-je pour vous?—dit-elle à la Lorraine.— Je voudrais que les noms que vous venez de prononcer avec tant de reconnaissance vous portassent aussi bonheur.

— Merci, madame — dit la Lorraine avec un sourire de résignation amère;—j'avais un enfant... il est mort... je suis poitrinaire condamnée... je n'ai plus besoin de rien.

—Quelle idée sinistre! A votre âge... si jeune, il y a toujours de la ressource.

— Oh! non, madame... je sais mon sort... je ne me plains pas... j'ai vu encore cette nuit mourir une poitrinaire dans la salle... on meurt bien doucement... allez... je vous remercie toujours de vos bontés.

— Vous vous exagérez votre état...

— Je ne me trompe pas, madame... je le sens bien... Mais puisque vous êtes si bonne... une grande dame comme vous est toute-puissante...

— Parlez... dites... que voulez-vous?

— J'avais demandé un service à Jeanne... mais puisque, grâce à Dieu et à vous, elle s'en va.....

— Eh bien, ce service... ne puis-je vous le rendre?...

— Certainement, madame..... un mot de vous aux sœurs ou au médecin arrangerait tout.

— Ce mot je le dirai, soyez-en sûre... De quoi s'agit-il?

— Depuis que j'ai vu l'actrice qui est morte si tourmentée de la crainte d'être coupée en morceaux après sa mort, j'ai la même peur... Jeanne m'avait promis de réclamer mon corps.. et de me faire enterrer...

— Ah! c'est horrible! — dit Clémence en frissonnant d'épouvante; — il faut venir ici pour savoir qu'il est encore pour les pauvres des misères et des terreurs même au delà de la tombe...

— Pardon, madame — dit timidement la Lorraine — pour une grande dame riche et heureuse comme vous méritez de l'être, cette demande est bien triste... je n'aurais pas dû la faire!

— Je vous en remercie au contraire, mon enfant, elle m'apprend une misère que j'ignorais, et cette science ne sera pas stérile.... Soyez tranquille, quoique ce moment fatal soit bien éloigné d'ici... quand il arrivera vous serez sûre de reposer en terre sainte...

— Oh! merci, madame — s'écria la Lorraine; — si j'osais vous demander la permission de baiser votre main...

Clémence présenta sa main aux lèvres desséchées de la Lorraine.

— Oh! merci!.. madame... j'aurai quelqu'un à aimer et à bénir jusqu'à la fin... avec la Goualeuse... et je ne serai plus attristée... pour après ma mort...

Ce détachement de la vie et ces craintes d'outre-tombe avaient péniblement affecté madame d'Harville; se penchant à l'oreille de la sœur qui venait l'avertir que mademoiselle de Fermont avait complétement repris connaissance, elle lui dit :

— Est-ce que réellement l'état de cette jeune femme est désespéré?

Et, d'un signe, elle lui indiqua le lit de la Lorraine.

— Hélas! oui, madame, la Lorraine est condamnée... elle n'a peut-être pas huit jours à vivre...

. . . .

Une demi-heure après, madame d'Harville, accompagnée de M. de Saint-Remy, emmenait chez elle la jeune orpheline à qui elle avait caché la mort de sa mère.

Le jour même un homme de confiance de madame d'Harville, après avoir été visiter, rue de la Barillerie, la misérable demeure de Jeanne Duport, et avoir recueilli sur cette digne femme les meilleurs renseignements, loua aussitôt sur le quai de l'École deux grandes chambres et un cabinet bien aéré, meubla en deux heures ce modeste, mais salubre logis, et, grâce aux ressources instantanées du Temple, le soir même Jeanne Duport fut transportée dans cette demeure, où elle trouva ses enfants et une excellente garde-malade.

Le même homme de confiance fut chargé de réclamer et de faire enterrer le corps de la Lorraine, lorsqu'elle succomberait à sa maladie.

. . . .

Après avoir conduit et installé chez elle mademoiselle de Fermont, madame d'Harville partit aussitôt pour Asnières, accompagnée de M. de Saint-Remy, afin d'aller chercher Fleur-de-Marie et de la conduire chez Rodolphe.

CHAPITRE IX.

ESPÉRANCE.

Les premiers jours du printemps approchaient, le soleil commençait à prendre un peu de force, le ciel était pur, l'air tiède... Fleur-de-Marie, appuyée sur le bras de la Louve, essayait ses forces en se promenant dans le jardin de la petite maison du docteur Griffon.

La chaleur vivifiante du soleil et le mouvement de la promenade coloraient d'une teinte rosée les traits pâles et amaigris de la Goualeuse; ses vêtements de paysanne ayant été déchirés dans la précipitation des premiers secours qu'on lui avait donnés, elle portait une robe de mérinos d'un bleu foncé, faite en blouse et seulement serrée autour de sa taille délicate et fine par une cordelière de laine.

— Quel bon soleil ! — dit-elle à la Louve, en s'arrêtant au pied d'une charmille d'arbres verts exposés au midi, et qui s'arrondissaient autour d'un banc de pierre. — Voulez-vous que nous nous asseyons un moment ici, la Louve ?

— Est-ce que vous avez besoin de me demander si je veux ? — répondit brusquement la femme de Martial en haussant les épaules.

Puis, ôtant de son cou un châle de bourre de soie, elle le ploya en quatre, s'agenouilla, le posa sur le sable un peu humide de l'allée, et dit à la Goualeuse :

— Mettez vos pieds là-dessus.

— Mais, la Louve — dit Fleur-de-Marie qui s'était aperçue trop tard du dessein de sa compagne pour l'empêcher de l'exécuter — mais, la Louve, vous allez abîmer votre châle...

— Pas tant de raisons !... la terre est fraîche — dit la Louve ; et prenant d'autorité les petits pieds de Fleur-de-Marie, elle les posa sur le châle.

— Comme vous me gâtez, la Louve...

— Hum!... vous ne le méritez guère; toujours à vous débattre contre ce que je veux faire pour votre bien... Vous n'êtes pas fatiguée? Voilà une bonne demi-heure que nous marchons... Midi vient de sonner à Asnières.

— Je suis un peu lasse... mais je sens que cette promenade m'a fait du bien.

— Vous voyez... vous étiez lasse... vous ne pouviez pas me demander plus tôt de vous asseoir?

— Ne me grondez pas, je ne m'apercevais pas de ma lassitude... C'est si bon de marcher quand on a été long-temps alitée... de voir le soleil, les arbres, la campagne quand on a cru ne les revoir jamais!

— Le fait est que vous avez été dans un état désespéré durant deux jours... Pauvre Goualeuse!... oui, on peut vous dire cela maintenant... on désespérait de vous...

— Et puis, figurez-vous, la Louve, que me voyant sous l'eau... malgré moi je me suis rappelé qu'une méchante femme, qui m'avait tourmentée quand j'étais petite, me menaçait toujours de me jeter aux poissons... Plus tard elle avait encore voulu me noyer... (1) alors je me suis dit : Je n'ai pas de bonheur... c'est une fatalité, je n'y échapperai pas...

— Pauvre Goualeuse... ç'a été votre dernière idée quand vous vous êtes crue perdue?

— Oh! non... — dit Fleur-de-Marie avec exaltation — quand je me suis sentie mourir... ma dernière pensée a été pour celui que je regarde comme mon Dieu; de même qu'en me sentant renaître, ma première pensée s'est élevée vers lui...

— C'est plaisir de vous faire du bien, à vous... vous n'oubliez pas.

— Oh! non!.. c'est si bon de s'endormir avec sa reconnaissance et de s'éveiller avec elle!

— Aussi on se mettrait dans le feu pour vous.

— Bonne Louve... Tenez, je vous assure qu'une des causes qui me rendent heureuse de vivre... c'est l'espoir de vous porter bonheur, d'accomplir ma promesse... vous savez nos châteaux en Espagne de Saint-Lazare?

(1) Dans une des caves submergées de Bras-Rouge, aux Champs-Élysées.

— Quant à cela, il y a du temps de reste ; vous voilà sur pied, j'ai fait mes frais... comme dit mon homme.

— Pourvu que M. le comte de Saint-Remy me dise tantôt que le médecin me permet d'écrire à madame Georges!.. Elle doit être si inquiète!.. et peut-être M. Rodolphe aussi!.. — ajouta Fleur-de-Marie en baissant les yeux et en rougissant de nouveau à la pensée de *son Dieu*.— Peut-être ils me croient morte!...

— Comme le croient aussi ceux qui vous ont fait noyer, pauvre petite... Oh! les brigands!

— Vous supposez donc toujours que ce n'est pas un accident, la Louve?

— Un accident?.. Oui, les Martial appellent ça des accidents... Quand je dis les Martial.... c'est sans compter mon homme... car il n'est pas de la famille, lui... pas plus que n'en seront jamais François et Amandine...

— Mais quel intérêt pouvait-on avoir à ma mort? Je n'ai jamais fait de mal à personne,... personne ne me connaît.

— C'est égal.... si les Martial sont assez scélérats pour noyer quelqu'un, ils ne sont pas assez bêtes pour le faire sans y avoir un intérêt... Quelques mots que la veuve a dits à mon homme dans la prison... me le prouvent bien...

— Il a donc été voir sa mère? cette femme terrible?

— Oui, il n'y a plus d'espoir pour elle, ni pour Calebasse, ni pour Nicolas. On avait découvert bien des choses; mais ce gueux de Nicolas, dans l'espoir d'avoir la vie sauve, a dénoncé sa mère et sa sœur pour un autre assassinat... Ça fait qu'ils y passeront tous.... l'avocat n'espère plus rien, les gens de la justice disent qu'il faut un exemple...

— Ah! c'est affreux! presque toute une famille.

— Oui, à moins que Nicolas ne s'évade; il est dans la même prison qu'un monstre de bandit appelé le Squelette, qui machine un complot pour se sauver, lui et d'autres : c'est Nicolas qui a fait dire cela à Martial par un prisonnier sortant; car mon homme a été encore assez faible pour aller voir son gueux de frère à la Force. Alors, encouragé par cette visite, ce misérable, que l'enfer confonde! a eu le front de faire dire à mon homme que d'un moment à l'autre il pourrait s'échapper, et que Martial lui tienne prêt chez le père Micou de l'argent et des habits pour se déguiser.

— Votre Martial a si bon cœur!

— Bon cœur tant que vous voudrez, la Goualeuse; mais que le diable me brûle si je laisse mon homme aider un assassin qui a voulu le tuer! Martial ne dénoncera pas le complot d'évasion, c'est déjà beaucoup... D'ailleurs, maintenant que vous voilà en santé, la Goualeuse, nous allons partir, moi, mon homme et les enfants, pour notre tour de France; nous ne remettrons jamais les pieds à Paris : c'était bien assez pénible à Martial d'être appelé fils du guillotiné... Qu'est-ce que cela serait donc lorsque mère, frère et sœur y auraient passé?...

— Vous attendrez au moins que j'aie parlé de vous à M. Rodolphe, si je le revois... Vous êtes revenue au bien, j'ai dit que je vous en ferais récompenser, je veux tenir ma parole. Sans cela! comment m'acquitterais-je envers vous? Vous m'avez sauvé la vie... et pendant ma maladie vous m'avez comblée de soins...

— Justement! maintenant j'aurais l'air intéressée, si je vous laissais demander quelque chose pour moi à vos protecteurs. Vous êtes sauvée... je vous répète que j'ai fait mes frais...

— Bonne Louve... rassurez-vous... ce n'est pas vous qui serez intéressée, c'est moi qui serai reconnaissante...

— Écoutez donc! — dit tout d'un coup la Louve en se levant — on dirait le bruit d'une voiture. Oui... oui, elle approche; tenez, la voilà, l'avez-vous vue passer devant la grille? il y a une femme dedans.

— Oh! mon Dieu!... — s'écria Fleur-de-Marie avec émotion; — il m'a semblé reconnaître...

— Qui donc?

— Une jeune et jolie dame que j'ai vue à Saint-Lazare, et qui a été bien bonne pour moi...

— Elle sait donc que vous êtes ici?

— Je l'ignore; mais elle connaît la personne dont je vous parlais toujours, et qui, si elle le veut, et elle le voudra, je l'espère, pourra réaliser nos châteaux en Espagne de la prison...

— Une place de garde-chasse pour mon homme, avec une cabane pour nous au milieu des bois... — dit la Louve en soupirant. — Tout ça c'est des féeries... c'est trop beau, ça ne peut pas arriver...

Un bruit de pas précipités se fit entendre derrière la charmille ; François et Amandine, qui, grâce aux bontés du comte de Saint-Remy, n'avaient pas quitté la Louve, arrivèrent essoufflés en criant :

— La Louve, voici une belle dame avec M. de Saint-Remy ; ils demandent à voir tout de suite Fleur-de-Marie.

— Je ne m'étais pas trompée !.. — dit la Goualeuse.

— Presqu'au même instant parut M. de Saint-Remy, accompagné de madame d'Harville.

A peine celle-ci eut-elle aperçu Fleur-de-Marie, qu'elle s'écria en courant à elle et en la serrant tendrement entre ses bras :

— Pauvre chère enfant... vous voilà...

Ah!... sauvée!... sauvée miraculeusement d'une horrible mort... Avec quel bonheur je vous retrouve... moi qui, ainsi que vos amis, vous avais crue perdue... vous avais tant regrettée!

— Je suis aussi bien heureuse de vous revoir, madame; car je n'ai jamais oublié vos bontés pour moi — dit Fleur-de-Marie, en répondant aux tendresses de madame d'Harville avec une grâce et une modestie charmantes.

— Ah! vous ne savez pas quelle sera la surprise, la folle joie de vos amis qui, à cette heure, vous pleurent si amèrement...

Fleur-de-Marie, prenant par la main la Louve qui s'était retirée à l'écart, dit à madame d'Harville en la lui présentant :

— Puisque mon salut est si cher à mes bienfaiteurs, madame, permettez-moi de vous demander leurs bontés pour ma compagne, qui m'a sauvée au risque de sa vie...

— Soyez tranquille, mon enfant... vos amis prouveront à la brave Louve qu'ils savent que c'est à elle qu'ils doivent le bonheur de vous revoir.

La Louve, rouge, confuse, n'osant ni répondre ni lever les yeux sur madame d'Harville, tant la présence d'une femme de cette dignité lui imposait, n'avait pu cacher son étonnement en entendant Clémence prononcer son nom.

— Mais il n'y a pas un moment à perdre— reprit la marquise. — Je meurs d'impatience de vous emmener, Fleur-de-Marie; j'ai apporté dans ma voiture un châle, un manteau bien chaud; venez, venez, mon enfant... — Puis, s'adressant au comte : — Serez-vous assez bon, monsieur, pour donner mon adresse à cette courageuse femme, afin qu'elle puisse demain faire ses adieux à Fleur-de-Marie? De la sorte vous serez bien forcée de venir nous voir — ajouta madame d'Harville en s'adressant à la Louve.

—Oh! madame, j'irai, bien sûr — répondit celle-ci — puisque ce sera pour dire adieu à la Goualeuse; j'aurais trop de chagrin de ne pouvoir pas l'embrasser encore une fois.

. . . .

Quelques minutes après, madame d'Harville et la Goualeuse étaient sur la route de Paris.

. . . .

Rodolphe, après avoir assisté à la mort de Jacques Ferrand si terriblement puni de ses crimes, était rentré chez lui dans un accablement inexprimable.

En suite d'une longue et pénible nuit d'insomnie, il avait mandé près de lui sir Walter Murph, pour confier à ce vieux et fidèle ami l'écrasante découverte de la veille au sujet de Fleur-de-Marie.

Le digne squire fut atterré; mieux que personne il pouvait comprendre et partager l'immensité de la douleur du prince.

Celui-ci, pâle, abattu, les yeux rougis par des larmes récentes, venait de faire à Murph cette poignante révélation.

— Du courage! — dit le squire en essuyant ses yeux; car, malgré son flegme, il avait aussi pleuré. — Oui, du courage!... monseigneur! beaucoup de courage!... Pas de vaines consolations... ce chagrin doit être incurable...

— Tu as raison... Ce que je ressentais hier n'est rien auprès de ce que je ressens aujourd'hui...

—Hier, monseigneur... vous éprouviez l'étourdissement de ce coup ; mais sa réaction vous sera de jour en jour plus douloureuse... Ainsi donc, du courage !... L'avenir est triste... bien triste...

— Et puis hier... le mépris et l'horreur que m'inspirait cette femme... mais que Dieu en ait pitié !.. elle est à cette heure devant lui... hier enfin la surprise, la haine, l'effroi, tant de passions violentes refoulaient en moi ces élants de tendresse désespérée... qu'à présent je ne contiens plus... A peine si je pouvais pleurer... Au moins maintenant... auprès de toi... je le peux... Tiens, tu vois... je suis sans forces... je suis lâche, pardonne-moi... Des larmes... encore... toujours... O mon enfant !... mon pauvre enfant !...

— Pleurez, pleurez, monseigneur... hélas ! la perte est irréparable.

— Et tant d'atroces misères à lui faire oublier—s'écria Rodolphe avec un accent déchirant — après ce qu'elle a souffert !.. Songe au sort qui l'attendait !

— Peut-être cette transition eût-elle été

trop brusque pour cette infortunée, déjà si cruellement éprouvée?

— Oh! non... non!... va... si tu savais avec quels ménagements... avec quelle réserve je lui aurais appris sa naissance!... comme je l'aurais doucement préparée à cette révélation... C'était si simple... si facile... Oh! s'il ne s'était agi que de cela, vois-tu — ajouta le prince avec un sourire navrant — j'aurais été bien tranquille et pas embarrassé. Me mettant à genoux devant cette enfant idolâtrée, je lui aurais dit : Toi qui as été jusqu'ici si torturée... sois enfin heureuse... et pour toujours heureuse... Tu es ma fille... Mais non — dit Rodolphe en se reprenant — non... cela aurait été trop brusque, trop imprévu... Oui! je me serais donc bien contenu, et je lui aurais dit d'un air calme : Mon enfant, il faut que je vous apprenne une chose qui va bien vous étonner... Mon Dieu! Oui... figurez-vous qu'on a retrouvé les traces de vos parents... votre père existe... et votre père... c'est moi. — Ici le prince s'interrompit de nouveau.— Non! non, c'est encore trop brusque, trop prompt... mais ce n'est pas ma faute, cette révélation me vient tout de suite aux lèvres... c'est qu'il faut tant d'empire sur soi... tu comprends, mon ami, tu comprends... Être là, devant sa fille, et se contraindre! — Puis, se laissant emporter à un nouvel accès de désespoir, Rodolphe s'écria : — Mais à quoi bon, à quoi bon ces vaines paroles? Je n'aurai plus jamais rien à lui dire. Oh! ce qui est affreux, affreux à penser, vois-tu? c'est de penser que j'ai eu ma fille près de moi... pendant tout un jour... oui, pendant ce jour à jamais maudit et sacré où je l'ai conduite à la ferme, ce jour où les trésors de son âme angélique se sont révélés à moi dans toute leur pureté! J'assistais au réveil de cette nature adorable... et rien dans mon cœur ne me disait : C'est ta fille... Rien... rien... Oh! aveugle, barbare, stupide que j'étais!... Je ne devinais pas... Oh! j'étais indigne d'être père!

— Mais, monseigneur...

— Mais enfin... — s'écria le prince — a-t-il dépendu de moi, oui ou non, de ne la jamais quitter? Pourquoi ne l'ai-je pas adoptée, moi qui pleurais tant ma fille? Pourquoi, au lieu d'envoyer cette malheureuse enfant chez madame Georges, ne l'ai-je pas gardée près de moi?... Aujourd'hui je n'aurais qu'à lui tendre les bras... Pourquoi n'ai-je pas fait cela? pourquoi? Ah! parce qu'on ne fait jamais le bien qu'à demi, parce qu'on n'apprécie les merveilles que lorsqu'elles ont lui et disparu pour toujours... parce qu'au lieu d'élever tout de suite à sa véritable hauteur cette admirable jeune fille qui, malgré la misère, l'abandon, était, par l'esprit et par le cœur, plus grande, plus noble peut-être qu'elle ne le fût jamais devenue par les avantages de la naissance et de l'éducation..., j'ai cru faire beaucoup pour elle en la plaçant dans une ferme... auprès de bonnes gens... comme j'aurais fait pour la première mendiante intéressante qui se serait trouvée sur ma route... C'est ma faute... c'est ma faute. Si j'avais fait cela, elle ne serait pas morte... Oh! si... je suis bien puni... je l'ai mérité... mauvais fils... mauvais père!...

Murph savait que de pareilles douleurs sont inconsolables, il se tut.

Après un assez long silence, Rodolphe reprit d'une voix altérée :

— Je ne resterai pas ici, Paris m'est odieux... demain je pars...

— Vous avez raison, monseigneur.

— Nous ferons un détour, je m'arrêterai à la ferme de Bouqueval... J'irai m'enfermer quelques heures dans la chambre où ma fille a passé les seuls jours heureux de sa triste vie... Là on recueillera avec religion tout ce qui reste d'elle... les livres où elle commençait à lire... les cahiers où elle a écrit... les vêtements qu'elle a portés... tout... jusqu'aux meubles... jusqu'aux tentures de cette chambre... dont je prendrai moi-même un dessin exact... Et à Gerolstein... dans le parc réservé où j'ai fait élever un monument à la mémoire de mon père outragé... je ferai construire une petite maison où se trouvera cette chambre... là j'irai pleurer ma fille... De ces deux funèbres monuments, l'un me rappellera mon crime envers mon père, l'autre le châtiment qui m'a frappé dans mon enfant... — Après un nouveau silence, Rodolphe ajouta : — Ainsi donc, que tout soit prêt... demain matin...

Murph, voulant essayer de distraire un moment le prince de ses sinistres pensées, lui dit :

— Tout sera prêt, monseigneur; seulement vous oubliez que demain devait avoir lieu à Bouqueval le mariage du fils de madame Georges et de Rigolette... Non-seulement vous avez assuré l'avenir de Germain et doté magnifiquement sa fiancée... mais vous leur avez promis d'assister à leur mariage comme témoin... Alors seulement ils devaient savoir le nom de leur bienfaiteur.

— Il st vrai, j'ai promis cela... Ils sont à la ferme... et je ne puis y aller demain... sans assister à cette fête... et, je l'avoue, je n'aurai pas ce courage...

— La vue du bonheur de ces jeunes gens calmerait peut-être un peu votre chagrin.

— Non, non, la douleur est solitaire et égoïste... Demain tu iras m'excuser et me représenter auprès d'eux, tu prieras madame Georges de rassembler tout ce qui a appartenu à ma fille... On fera faire le dessin de sa chambre et on me l'enverra en Allemagne.

— Partirez-vous donc aussi, monseigneur, sans voir madame la marquise d'Harville?

Au souvenir de Clémence, Rodolphe tressaillit... ce sincère amour vivait toujours en lui, ardent et profond... mais dans ce moment il était pour ainsi dire noyé sous le flot d'amertume dont son cœur était inondé...

Par une contradiction bizarre, le prince sentait que la tendre affection de madame d'Harville aurait pu seule lui aider à supporter le malheur qui le frappait, et il se reprochait cette pensée comme indigne de la rigidité de sa douleur paternelle.

— Je partirai sans voir madame d'Harville — répondit Rodolphe. — Il y a peu de jours, je lui écrivais la peine que me causait la mort de Fleur-de-Marie... Quand elle saura que Fleur-de-Marie était ma fille... elle comprendra qu'il est de ces douleurs ou plutôt de ces punitions fatales qu'il faut avoir le courage de subir seul... oui, seul... pour qu'elles soient expiatoires... et elle est terrible, l'expiation que la fatalité m'impose... terrible!... car elle commence... pour moi... à l'heure où le déclin de la vie commence aussi.

On frappa légèrement et discrètement à la

porte du cabinet de Rodolphe, qui fit un mouvement d'impatience chagrine.

Murph se leva et alla ouvrir.

A travers la porte entre-bâillée, un aide-de-camp du prince dit au squire quelques mots à voix basse. Celui-ci répondit par un signe de tête, et, se retournant vers Rodolphe :

— Monseigneur me permet-il de m'absenter un moment? Quelqu'un veut me parler à l'instant même pour le service de Votre Altesse Royale.

— Va... — répondit le prince.

A peine Murph fut-il parti que Rodolphe, cachant sa figure dans ses mains, poussa un long gémissement.

— Oh! — s'écria-t-il — ce que je ressens m'épouvante... Mon âme déborde de fiel et de haine; la présence de mon meilleur ami me pèse... le souvenir d'un noble et pur amour m'importune et me trouble; et puis... cela est lâche et indigne... mais hier soir j'ai appris avec une joie barbare la mort de Sarah... de cette mère dénaturée qui a causé la perte de ma fille; je me plais à retracer l'horrible agonie du monstre qui a fait tuer mon enfant.

O rage! je suis arrivé trop tard... — s'écriat-il en bondissant sur son fauteuil. — Pourtant... hier, je ne souffrais pas cela... et hier comme aujourd'hui je savais ma fille morte... Oh! oui, mais je ne me disais pas ces mots qui désormais empoisonneront ma vie : J'ai vu ma fille... je lui ai parlé... j'ai admiré tout ce qu'il y avait d'adorable en elle... Oh! que de temps j'ai perdu à cette ferme!... Quand je songe que je n'y suis allé que trois fois!... oui, pas plus.. Et je pouvais y aller tous les jours... Voir ma fille tous les jours... Que dis-je? la garder à jamais près de moi... Oh! tel sera mon supplice... de me répéter cela toujours... toujours!

Et le malheureux trouvait une volupté cruelle à revenir à cette pensée désolante et sans issue; car le propre des grandes douleurs est de s'aviver incessamment par de terribles redites.

Tout à coup la porte du cabinet s'ouvrit, et Murph entra très-pâle, si pâle que le prince se leva à demi et s'écria :

— Murph... qu'as-tu?...

— Rien, monseigneur...

— Tu es bien pâle... pourtant.

— C'est... l'étonnement...

— Quel étonnement?

— Madame d'Harville!...

— Madame d'Harville... grand Dieu! un nouveau malheur!...

— Non, non, monseigneur, rassurez-vous... elle est... là... dans le salon de service...

— Elle... ici... elle chez moi... c'est impossible!...

— Aussi, monseigneur... vous dis-je... la surprise...

— Une telle démarche de sa part... Mais qu'y a-t-il donc, au nom du ciel?

— Je ne sais... mais je ne puis me rendre compte de ce que j'éprouve...

— Tu me caches quelque chose!

— Sur l'honneur, monseigneur... sur l'honneur... non... je ne sais que ce que madame la marquise m'a dit.

— Mais que t'a-t-elle dit?

« — Sir Walter — et sa voix était émue, mais son regard rayonnait de joie — ma présence ici doit vous étonner beaucoup... Mais il est certaines circonstances si impérieuses qu'elles laissent peu le temps de songer aux convenances. Priez S. A. de m'accorder à l'instant quelques moments d'entretien en votre présence... car je sais que le prince n'a pas au monde de meilleur ami que vous. J'aurais pu lui demander de me faire la grâce de venir chez moi; mais c'eût été un retard d'une heure peut-être, et le prince me saura gré de n'avoir pas retardé d'une minute cette entrevue... » — a-t-elle ajouté avec une expression qui m'a fait tressaillir.

— Mais... — dit Rodolphe d'une voix altérée, et devenant malgré lui plus pâle encore que Murph — je ne devine pas la cause de ton trouble... de... ton émotion... de... ta pâleur... il y a autre chose... cette entrevue...

— Sur l'honneur, je ne... sais rien de plus... Ces seuls mots de la marquise m'ont bouleversé. Pourquoi? je l'ignore... Mais vous-même... vous êtes bien pâle, monseigneur...

— Moi?... — dit Rodolphe en s'appuyant sur un fauteuil, car il sentait ses genoux se dérober sous lui.

— Je vous dis, monseigneur, que vous êtes aussi bouleversé que moi... Qu'avez-vous?

— Dussé-je mourir sous le coup... prie madame d'Harville d'entrer — s'écria le prince.

Par une sympathie étrange, la visite si inattendue, si extraordinaire de madame d'Harville avait éveillé chez Murph et chez Rodolphe une même vague et folle espérance ; mais cet espoir leur semblait si insensé, que ni l'un ni l'autre n'avait voulu se l'avouer.

Madame d'Harville, suivie de Murph, entra dans le cabinet du prince.

CHAPITRE X.

LE PÈRE ET LA FILLE.

Ignorant, nous l'avons dit, que Fleur-de-Marie fût la fille du prince, madame d'Harville, toute à la joie de lui ramener sa protégée, avait cru pouvoir la lui présenter presque sans ménagements ; seulement, elle l'avait laissée dans sa voiture, ignorant si Rodolphe voulait se faire connaître à cette jeune fille et la recevoir chez lui.

Mais s'apercevant de la profonde altération des traits de Rodolphe, qui trahissaient un morne désespoir ; remarquant dans ses yeux les traces récentes de quelques larmes, Clémence pensa qu'il avait été frappé par un malheur bien plus cruel pour lui que la mort de la Goualeuse; ainsi, oubliant l'objet de sa visite, elle s'écria :

— Grand Dieu!... monseigneur... qu'avez-vous?

— Vous l'ignorez, madame?... Ah! tout espoir est perdu... Votre empressement... l'entretien que vous m'avez si instamment demandé... j'avais cru...

— Oh! je vous en prie, ne parlons pas du sujet qui m'amenait ici... monseigneur... Au nom de mon père, dont vous avez sauvé la vie... j'ai presque droit de vous demander la cause de la désolation où vous êtes plongé... Votre abattement, votre pâleur, m'épouvantent... Oh! parlez, monseigneur... soyez généreux... parlez, ayez pitié de mes angoisses...

— A quoi bon, madame? ma blessure est incurable...

— Ces mots redoublent mon effroi... monseigneur, expliquez-vous... Sir Walter... mon Dieu, qu'y a-t-il?

— Eh bien... — dit Rodolphe d'une voix entrecoupée, en faisant un violent effort sur lui-même — depuis que je vous ai instruite de la mort de Fleur-de-Marie... j'ai appris qu'elle était ma fille...

—Fleur-de-Marie?... votre fille!... — s'écria Clémence avec un accent impossible à rendre.

—Oui... Et tout à l'heure, quand vous m'avez fait dire que vous vouliez me voir à l'instant... pour m'apprendre une nouvelle qui me comblerait de joie... ayez pitié de ma faiblesse... mais un père fou de douleur d'avoir perdu son enfant... est capable des plus folles espérances. Un moment j'avais cru... que... mais non, non, je le vois... je m'étais trompé... Pardonnez-moi... je ne suis qu'un misérable insensé...

Rodolphe, épuisé par le contre-coup d'un fugitif espoir et d'une déception écrasante, retomba sur son siége en cachant sa figure dans ses mains.

Madame d'Harville restait stupéfaite, immobile, muette, respirant à peine, tour à tour en proie à une joie enivrante, à la crainte de l'effet foudroyant de la révélation qu'elle devait faire au prince, exaltée enfin par une religieuse reconnaissance envers la

Providence, qui la chargeait, elle... elle... d'annoncer à Rodolphe que sa fille vivait... et qu'elle la lui ramenait...

Clémence, agitée par ces émotions si violentes, si diverses, ne pouvait trouver une parole...

Murph, après avoir un moment partagé la folle espérance de prince, semblait aussi accablé que lui.

Tout à coup la marquise, cédant à un mouvement subit, involontaire, oubliant la présence de Murph et de Rodolphe, s'agenouilla, joignit les mains et s'écria, avec l'expression d'une piété fervente et d'une gratitude ineffable :

— Merci!... mon Dieu... soyez béni!... je reconnais votre volonté toute-puissante... merci encore, car vous m'avez choisie... pour lui apprendre que sa fille est sauvée!...

Quoique dits à voix basse, ces mots, prononcés avec un accent de sincérité et de sainte exaltation, arrivèrent aux oreilles de Murph et du prince.

Celui-ci redressa vivement la tête au moment où Clémence se relevait.

Il est impossible de dire le regard, le geste, l'expression de la physionomie de Rodolphe en contemplant madame d'Harville, dont les traits adorables, empreints d'une joie céleste, rayonnaient en ce moment d'une beauté surhumaine.

Appuyée d'une main sur le marbre d'une console, et comprimant sous son autre main les battements précipités de son sein, elle répondit par un signe de tête affimatif à un regard de Rodolphe qu'il faut encore renoncer à rendre.

— Et... où est-elle?... — dit le prince en tremblant comme la feuille.

— En bas... dans ma voiture.

Sans Murph, qui, prompt comme l'éclair, se jeta au-devant de Rodolphe, celui-ci sortait éperdu.

— Monseigneur... vous la tueriez!!!... — s'écria le squire en retenant le prince.

— D'hier seulement elle est convalescente... Au nom de sa vie... pas d'imprudence, monseigneur... — ajouta Clémence.

— Vous avez raison — dit Rodolphe en se contenant à peine... — vous avez raison... je serai calme... je ne la verrai pas encore... j'attendrai... que ma première émotion soit apaisée... Ah... c'est trop... trop en un jour!.... — ajouta-t-il d'une voix altérée... — puis, s'adressant à madame d'Harville, et lui tendant la main, il s'écria, dans une effusion de reconnaissance indicible :

— Je suis pardonné... Vous êtes l'ange de rédemption.

— Monseigneur... vous m'avez rendu mon père... Dieu veut que je vous ramène votre enfant... — répondit Clémence. — Mais, à mon tour... je vous demande pardon de ma faiblesse... Cette révélation si subite... si inattendue... m'a bouleversée... J'avoue que je n'aurais pas le courage d'aller chercher Fleur-de-Marie... mon émotion l'effraierait.

— Et comment l'a-t-on sauvée? qui l'a sauvée? — s'écria Rodolphe. — Voyez mon ingratitude... je ne vous ai pas encore fait cette question.

— Au moment où elle se noyait, elle a été retirée de l'eau par une femme courageuse.

— Vous la connaissez?

— Demain elle viendra chez moi...

— La dette est immense... — dit le prince, mais je saurai l'acquitter.

— Comme j'ai été bien inspirée, mon Dieu... en n'amenant pas Fleur-de-Marie avec moi — dit la marquise; — cette scène lui eût été funeste...

— Il est vrai, madame — dit Murph — c'est un hasard providentiel qu'elle ne soit pas ici.

— J'ignorais si monseigneur désirait être connu d'elle, et je n'ai pas voulu la lui présenter sans le consulter.

— Maintenant — dit le prince qui avait passé pour ainsi dire quelques minutes à combattre, à vaincre son agitation, et dont les traits semblaient presque calmes — maintenant... je suis maître de moi, je vous l'assure... Murph... va chercher... *ma fille*.

Ces mots, *ma fille*, furent prononcés par le prince avec un accent que nous ne saurions non plus exprimer.

— Monseigneur... êtes-vous bien sûr de vous? — dit Clémence. — Pas d'imprudence...

— Oh! soyez tranquille... je sais le danger

qu'il y aurait pour elle... Je ne l'y exposerai pas, mon bon Murph... je t'en supplie... va... va!

— Rassurez-vous, madame — reprit le squire qui avait attentivement observé le prince — elle peut venir... monseigneur se contiendra...

— Alors... va... va donc vite... mon vieil ami.

— Oui, monseigneur... Je vous demande seulement une minute... on n'est pas de fer... — dit le brave gentilhomme en essuyant la trace de ses larmes; — il ne faut pas qu'elle voie que j'ai pleuré.

— Excellent homme — reprit Rodolphe en serrant la main de Murph dans les siennes.

—Allons, allons, monseigneur, m'y voilà... je ne voulais pas traverser le salon de service éploré comme une Madeleine.

Et le squire fit un pas pour sortir, puis se ravisant :

— Mais, monseigneur, que lui dirai-je?

— Oui... que dira-t-il? — demanda le prince à Clémence.

— Que M. Rodolphe désire la voir... rien de plus, ce me semble?

— Sans doute : que monsieur Rodolphe... désire la voir... rien de plus... allons va... va...

— C'est certainement... ce qu'il y a de mieux à lui dire... — reprit le squire qui se sentait au moins aussi impressionné que madame d'Harville. — Je lui dirai simplement que M. Rodolphe... désire la voir... Cela ne lui fera rien préjuger... rien prévoir... c'est ce qu'il y a de plus raisonnable, en effet.

Et Murph ne bougeait pas.

— Sir Walter — lui dit Clémence en souriant — vous avez peur.

— C'est vrai, madame la marquise... malgré mes six pieds et mon épaisse enveloppe, je suis encore sous le coup d'une émotion profonde.

— Mon ami... prends garde — lui dit Rodolphe — attends plutôt un moment encore, si tu n'es pas sûr de toi...

— Allons, allons, cette fois, monseigneur, j'ai pris le dessus — dit le squire, après avoir passé sur ses yeux ses deux poings d'Hercule

— il est évident qu'à mon âge... cette faiblesse est parfaitement ridicule... Ne craignez rien, monseigneur...

Et Murph sortit d'un pas ferme, le visage impassible...

Un moment de silence suivit son départ...

Alors Clémence songea en rougissant qu'elle était chez Rodolphe, seule avec lui.

Le prince s'approcha d'elle et lui dit presque timidement :

— Si je choisis ce jour... ce moment... pour vous faire un aveu sincère... c'est que la solemnité de ce jour, de ce moment, ajoutera encore à la gravité de cet aveu... depuis que je vous ai vue... je vous aime... Tant que j'ai dû cacher cet amour... je l'ai caché;... maintenant, vous êtes libre, vous m'avez rendu ma fille... voulez-vous être sa mère?

— Moi... monseigneur!... — s'écria madame d'Harville. — Que dites-vous?

— Je vous en supplie... ne me refusez pas, faites que ce jour décide du bonheur de toute ma vie — reprit tendrement Rodolphe.

Clémence aussi aimait le prince depuis long-temps... avec passion; elle croyait rêver;

l'aveu de Rodolphe, cet aveu à la fois si simple, si grave et si touchant, fait dans une telle circonstance, la transportait d'un bonheur inespéré; elle répondit en hésitant : — Monseigneur... c'est à moi de vous rappeler... la distance de nos conditions... l'intérêt... de votre souveraineté.

— Laissez-moi songer avant tout à l'intérêt de mon cœur... à celui de ma fille chérie... rendez-nous bien heureux... oh! bien heureux, elle et moi... faites que moi... qui tout à l'heure étais sans famille... je puisse maintenant dire... ma femme... ma fille...; faites enfin que cette pauvre enfant... qui, elle aussi, tout à l'heure était sans famille... puisse dire... mon père... ma mère... ma sœur... car vous avez une fille qui deviendra la mienne.

— Ah !... monseigneur... à de si nobles paroles... on ne peut répondre que par des larmes de reconnaissance... — s'écria Clémence. Puis, se contraignant, elle ajouta : — Monseigneur... on vient, c'est... votre fille.

— Oh !... ne me refusez pas... — reprit Rodolphe d'une voix émue et suppliante — au nom de mon amour, dites... *notre* fille...

— Eh bien... notre... fille... — murmura Clémence, au moment où Murph, ouvrant la porte, introduisit Fleur-de-Marie dans le salon du prince.

La jeune fille, descendue de la voiture de la marquise devant le péristyle de cet immense hôtel, avait traversé une première antichambre remplie de valets de pied en grande livrée, une salle d'attente où se tenaient des valets de chambre, puis le salon des huissiers, et enfin le salon de service, occupé par un chambellan et les aides-de-camp du prince en grand uniforme. Qu'on juge de l'étonnement de la pauvre Goualeuse, qui ne connaissait pas d'autres splendeurs que celle de la ferme de Bouqueval, en traversant ces appartements princiers, étincelants d'or, de glaces et de peintures.

Dès qu'elle parut, madame d'Harville courut à elle, la prit par la main et, l'entourant d'un de ses bras comme pour la soutenir, la conduisit à Rodolphe, qui, debout près de la cheminée, n'avait pu faire un pas.

Murph, après avoir confié Fleur-de-Marie à madame d'Harville, s'était hâté de disparaître à demi derrière un des immenses rideaux de la fenêtre, ne se trouvant pas suffisamment *sûr de lui.*

A la vue de son bienfaiteur, de son sauveur, de *son Dieu...* qui la contemplait dans une muette extase, Fleur-de-Marie déjà si troublée se mit à trembler.

— Rassurez-vous... mon enfant — lui dit madame d'Harville — voilà votre ami... monsieur Rodolphe, qui vous attendait impatiemment... il a été bien inquiet de vous...

— Oh!... oui... bien... bien inquiet... — balbutia Rodolphe toujours immobile et dont le cœur se fondait en larmes à l'aspect du pâle et doux visage de sa fille.

Aussi, malgré sa résolution, le prince fut-il un moment obligé de détourner la tête pour cacher son attendrissement.

— Tenez, mon enfant, vous êtes encore bien faible, asseyez-vous là — dit Clémence pour détourner l'attention de Fleur-de-Marie, et elle la conduisit vers un grand fauteuil de bois doré, dans lequel la Goualeuse s'assit avec précaution.

Son trouble augmentait de plus en plus ; elle était oppressée, la voix lui manquait ; elle se désolait de n'avoir encore pu dire un mot de gratitude à Rodolphe.

Enfin, sur un signe de madame d'Harville qui, accoudée au dossier du fauteuil, était penchée vers Fleur-de-Marie et tenait une de ses mains dans les siennes, le prince s'approcha doucement de l'autre côté du siége. Plus maître de lui, il dit alors à Fleur-de-Marie, qui tourna vers lui son visage enchanteur :

— Enfin, mon enfant, vous voilà pour jamais réunie à vos amis !... Vous ne les quitterez plus... Il faut surtout maintenant oublier ce que vous avez souffert...

— Oui, mon enfant, le meilleur moyen de nous prouver que vous nous aimez — ajouta Clémence — c'est d'oublier ce triste passé.

— Croyez, monsieur Rodolphe... croyez, madame, que si j'y songeais quelquefois malgré moi, ce serait pour me dire que sans vous... je serais encore bien malheureuse.

— Oui; mais nous ferons en sorte que vous n'ayez plus de ces sombres pensées. Notre tendresse ne vous en laissera pas le temps, ma chère Marie... — reprit Rodolphe — car vous savez que je vous ai donné ce nom... à la ferme.

— Oui, monsieur Rodolphe... Et madame Georges qui m'avait permis de l'appeler... ma mère... se porte-t-elle bien?

— Très-bien, mon enfant... Mais j'ai d'importantes nouvelles à vous apprendre.

— A moi, monsieur Rodolphe?

— Depuis que je vous ai vue... on a fait de grandes découvertes sur... sur... votre naissance...

— Sur ma naissance?

— On a su quels étaient vos parents... On connaît votre père...

Rodolphe avait tant de larmes dans la voix en prononçant ces mots, que Fleur-de-Marie très-émue se retourna vivement vers lui; heureusement qu'il put détourner la tête.

Un autre incident semi-burlesque vint encore distraire la Goualeuse et l'empêcher de trop remarquer l'émotion de son père : le digne squire, qui ne sortait pas de derrière son rideau et semblait attentivement regarder le jardin de l'hôtel, ne put s'empêcher de se moucher avec un bruit formidable, car il pleurait comme un enfant.

— Oui, ma chère Marie — se hâta de dire Clémence — on connaît votre père.... il existe.

— Mon père! — s'écria la Goualeuse avec une expression qui mit le courage de Rodolphe à une nouvelle épreuve.

— Et un jour... — reprit Clémence — bientôt peut-être... vous le verrez... Ce qui vous étonnera sans doute, c'est qu'il est d'une très-haute condition... d'une grande naissance.

— Et ma mère, madame! la verrai-je?...

— Votre père répondra à cette question, mon enfant... mais ne serez-vous pas bien heureuse de le voir?

— Oh! oui, madame — répondit Fleur-de-Marie en baissant les yeux.

— Combien vous l'aimerez, quand vous le connaîtrez! — dit la marquise.

— De ce jour-là... une nouvelle vie commencera pour vous, n'est-ce pas, Marie? — ajouta le prince.

— Oh! non, monsieur Rodolphe — répondit naïvement la Goualeuse. — Ma nouvelle vie a commencé du jour où vous avez eu pitié de moi... où vous m'avez envoyée à la ferme...

— Mais votre père... vous chérit... — dit le prince.

— Je ne le connais pas... et je vous dois tout... monsieur Rodolphe.

— Ainsi.... vous.... m'aimez.... autant.... plus peut-être que vous n'aimeriez votre père ?

— Je vous bénis et je vous respecte comme Dieu, monsieur Rodolphe, parce que vous avez fait pour moi ce que Dieu seul aurait pu faire — répondit la Goualeuse avec exaltation, oubliant sa timidité habituelle.—Quand madame a eu la bonté de me parler à la prison, je le lui ai dit, ainsi que je le disais à tout le monde... oui, monsieur Rodolphe, aux personnes qui étaient bien malheureuses... je disais : Espérez, M. Rodolphe soulage les malheureux. A celles qui hésitaient entre le bien et le mal, je disais : Courage, soyez bonnes, M. Rodolphe récompense ceux qui sont bons. A celles qui étaient méchantes, je disais : Prenez garde, M. Rodolphe punit les méchants... Enfin, quand j'ai cru mourir, je me suis dit : Dieu aura pitié de moi, car M. Rodolphe m'a jugée digne de son intérêt.

Fleur-de-Marie, entraînée par sa reconnaissance envers son bienfaiteur, avait surmonté sa crainte, un léger incarnat colorait ses joues, et ses beaux yeux bleus, qu'elle levait au ciel comme si elle eût prié, brillaient du plus doux éclat.

Un silence de quelques secondes succéda aux paroles enthousiastes de Fleur-de-Marie; l'émotion des acteurs de cette scène était profonde.

— Je vois, mon enfant — reprit Rodolphe, pouvant à peine contenir sa joie — que dans votre cœur j'ai à peu près pris la place de votre père.

— Ce n'est pas ma faute, monsieur Rodolphe. C'est peut-être mal à moi... mais je vous l'ai dit, je vous connais et je ne connais pas mon père — et elle ajouta en baissant la tête avec confusion : — et puis, enfin, vous savez le passé... monsieur Rodolphe... et malgré cela vous m'avez comblée de bontés; mais mon père ne le sait pas, lui... ce passé... Peut-être regrettera-t-il de m'avoir retrouvée — ajouta la malheureuse enfant en frissonnant — et puisqu'il est, comme le dit madame... d'une grande naissance... sans doute il aura honte... il rougira de moi...

—Rougir de vous?.. — s'écria Rodolphe en se redressant le front altier, le regard orgueilleux. — Rassurez-vous, pauvre enfant, votre père vous fera une position si brillante, si haute, que les plus grands parmi les grands de ce monde ne vous regarderont désormais qu'avec un profond respect... Rougir de vous?... non... non... Après les reines, auxquelles vous êtes alliée par le sang... vous marcherez de pair avec les plus nobles princesses de l'Europe...

—Monseigneur!... — s'écrièrent à la fois Murph et Clémence, effrayés de l'exaltation de Rodolphe et de la pâleur croissante de Fleur-de-Marie, qui regardait son père avec stupeur.

—Rougir de toi?... — continua-t-il — oh!

si j'ai jamais été heureux et fier de mon rang souverain... c'est parce que, grâce à ce rang, je puis t'élever autant que tu as été abaissée... entends-tu, mon enfant chérie... ma fille adorée?... Car c'est moi... c'est moi qui suis ton père!...

Et le prince, ne pouvant vaincre plus longtemps son émotion, se jeta aux pieds de Fleur-de-Marie, qu'il couvrit de larmes et de caresses.

— Soyez béni, mon Dieu! s'écria Fleur-de-Marie en joignant les mains. — Il m'était permis d'aimer mon bienfaiteur autant que je l'aimais... C'est mon père... je pourrai le chérir sans remords... Soyez... béni... mon...

Elle ne put achever... la secousse était trop violente; Fleur-de-Marie s'évanouit entre les bras du prince.

Murph courut à la porte du salon de service, l'ouvrit, et dit :

— Le docteur David... à l'instant... pour S. A. R... quelqu'un se trouve mal.

— Malédiction sur moi!... je l'ai tuée... — s'écria Rodolphe, en sanglotant agenouillé devant sa fille. — Marie... mon enfant.....

écoute-moi... c'est ton père... Pardon... oh! pardon... de n'avoir pu retenir plus longtemps ce secret... Je l'ai tuée... mon Dieu! je l'ai tuée!...

— Calmez-vous, monseigneur — dit Clémence; — il n'y a sans doute aucun danger... Voyez... ses joues sont colorées... c'est le saisissement... seulement le saisissement.

— Mais à peine convalescente... elle en mourra... Malheur! oh! malheur sur moi!

A ce moment, David, le médecin nègre, entra précipitamment, tenant à la main une petite caisse remplie de flacons, et un papier qu'il remit à Murph.

— David... ma fille se meurt... Je t'ai sauvé la vie... tu dois sauver mon enfant! — s'écria Rodolphe.

Quoique stupéfait de ces paroles du prince, qui parlait de sa fille, le docteur courut à Fleur-de-Marie, que madame d'Harville tenait dans ses bras, prit le pouls de la jeune fille, lui posa la main sur le front, et se retournant vers Rodolphe qui, pâle, épouvanté, attendait son arrêt :

— Il n'y a aucun danger... que Votre Altesse se rassure.

— Tu dis vrai... aucun danger... aucun...?

— Aucun, monseigneur... Quelques gouttes d'éther... et cette crise aura cessé...

— Oh! merci... David... mon bon David! — s'écria le prince avec effusion. — Puis, s'adressant à Clémence, Rodolphe ajouta : — Elle vit... notre fille... vivra...

Murph venait de jeter les yeux sur le billet que lui avait remis David en entrant; il tressaillit et regarda le prince avec effroi.

— Oui, mon vieil ami... — reprit Rodolphe — dans peu de temps ma fille pourra dire à madame la marquise d'Harville... Ma mère...

— Monseigneur — dit Murph en tremblant — la nouvelle d'hier était fausse...

— Que dis-tu?...

— Une crise violente, suivie d'une syncope, avait fait croire... à la mort de la comtesse Sarah...

— La comtesse!...

— Ce matin... on espère la sauver...

— O mon Dieu!... mon Dieu! — s'écria

le prince atterré, pendant que Clémence le regardait avec stupeur, ne comprenant pas encore.

— Monseigneur — dit David, toujours occupé de Fleur-de-Marie — il n'y a pas la moindre inquiétude à avoir... Mais le grand air serait urgent; on pourrait rouler le fauteuil sur la terrasse en ouvrant la porte du jardin... l'évanouissement cesserait complétement.

Aussitôt Murph courut ouvrir la porte vitrée qui donnait sur un immense perron formant terrasse; puis, aidé de David, il y roula doucement le fauteuil où se trouvait la Goualeuse, toujours sans connaissance.

Rodolphe et Clémence restèrent seuls.

CHAPITRE XI.

DÉVOUEMENT.

— Ah! madame!... — s'écria Rodolphe dès que Murph et David furent éloignés — vous ne savez pas ce que c'est que la comtesse Sarah?... c'est la mère de Fleur-de-Marie?...

— Grand Dieu!...

— Et je la croyais morte!...

Il y eut un moment de profond silence...

Madame d'Harville pâlit beaucoup... son cœur se brisa.

— Ce que vous ignorez encore... — reprit Rodolphe avec amertume — c'est que cette femme aussi égoïste qu'ambitieuse, n'aimant en moi que le prince, m'avait, dans ma première jeunesse, amené à une union plus tard rompue. Voulant alors se remarier, la comtesse a causé tous les malheurs de son enfant en l'abandonnant à des mains mercenaires.

— Ah! maintenant, monseigneur, je comprends l'aversion que vous aviez pour elle...

— Vous comprenez aussi pourquoi, deux fois, elle a voulu vous perdre par d'infâmes délations!... Toujours en proie à une implacable ambition, elle croyait me forcer de revenir à elle en m'isolant de toute affection.

— Oh! quel calcul affreux!...

— Et elle n'est pas morte!...

— Monseigneur... ce regret n'est pas digne de vous!...

— C'est que vous ignorez tous les maux qu'elle a causés!... En ce moment encore... alors que retrouvant ma fille... j'allais lui donner une mère digne d'elle... Oh! non... non... cette femme est un démon vengeur attaché à mes pas...

— Allons, monseigneur... du courage...— dit Clémence en essuyant ses larmes qui coulaient malgré elle — vous avez un grand, un saint devoir à remplir... Vous l'avez dit vous-même dans un juste et généreux élan d'amour paternel... désormais le sort de votre fille doit être aussi heureux qu'il a été misérable... Elle doit être aussi élevée qu'elle a été abaissée... Pour cela... il faut légitimer sa naissance... pour cela... il faut épouser la comtesse Mac-Grégor.

— Jamais... jamais... Ce serait récompenser le parjure, l'égoïsme et la féroce ambition de cette mère dénaturée... Je reconnaîtrai ma fille... vous l'adopterez, et, ainsi que je l'espérais... elle trouvera en vous une affection maternelle...

— Non, monseigneur, vous ne ferez pas cela... non, vous ne laisserez pas dans l'ombre la naissance de votre enfant... La comtesse Sarah est de noble et ancienne maison; pour vous, sans doute, cette alliance est disproportionnée... mais elle est honorable... Par ce mariage... votre fille ne sera pas légitimée... mais légitime... et ainsi, quel que soit l'avenir qui l'attende, elle pourra se glorifier de son père et avouer hautement sa mère...

— Mais renoncer à vous, mon Dieu... c'est impossible... Ah! vous ne songez pas ce qu'aurait été pour moi cette vie partagée entre vous et ma fille... mes deux seuls amours de ce monde...

— Il vous reste votre enfant, monseigneur... Dieu vous l'a miraculeusement rendue... Trouver votre bonheur incomplet serait de l'ingratitude!...

— Ah! vous ne m'aimez pas comme je vous aime...

— Croyez cela, monseigneur... croyez-le... le sacrifice que vous faites à vos devoirs vous semblera moins pénible...

— Mais si vous m'aimez... mais si vos regrets sont aussi amers que les miens, vous serez affreusement malheureuse... Que vous restera-t-il?

— La charité... monseigneur!!! cet admirable sentiment que vous avez éveillé dans mon cœur... ce sentiment qui jusqu'ici m'a fait oublier bien des chagrins, et à qui j'ai dû de bien douces consolations.

— De grâce, écoutez-moi... Soit, j'épouserai cette femme; mais, une fois le sacrifice accompli, est-ce qu'il me sera possible de vivre auprès d'elle? d'elle, qui ne m'inspire qu'aversion et mépris? Non, non, nous resterons à jamais séparés l'un de l'autre, jamais elle ne verra ma fille... Ainsi Fleur-de-Marie... perdra en vous la plus tendre des mères...

— Il lui restera le plus tendre des pères... Par le mariage, elle sera la fille légitime d'un prince souverain de l'Europe, et, ainsi que vous l'avez dit, monseigneur, sa position sera aussi éclatante qu'elle était obscure.

— Vous êtes impitoyable... je suis bien malheureux!

— Osez-vous parler ainsi... vous si grand, si juste... vous qui comprenez si noblement le devoir, le dévouement et l'abnégation... Tout-à-l'heure, avant cette révélation providentielle, quand vous pleuriez votre enfant avec des sanglots si déchirants, si l'on vous eût dit : Faites un vœu, un seul... et il sera réalisé... vous vous seriez écrié : Ma fille... oh! ma fille... qu'elle vive!... Ce prodige s'accomplit... votre fille vous est rendue.... et vous vous dites malheureux... Ah! monseigneur, que Fleur-de-Marie ne vous entende pas!...

— Vous avez raison — dit Rodolphe après un long silence — tant de bonheur... c'eût été le ciel... sur la terre... et je ne mérite pas cela... je ferai ce que je dois... Je ne regrette pas mon hésitation... je lui ai dû une nouvelle preuve de la beauté de votre âme...

— Cette âme, c'est vous qui l'avez agrandie, élevée... Si ce que je fais est bien, c'est vous que j'en glorifie... ainsi que je vous ai toujours glorifié des bonnes pensées que j'ai eues... Courage, monseigneur... dès que Fleur-de-Marie pourra soutenir ce voyage, emmenez-la... Une fois en Allemagne, dans ce pays si calme et si grave, sa transformation sera complète... et le passé ne sera plus pour elle qu'un songe triste et lointain.

— Mais vous? mais vous?

— Moi... je puis bien vous dire cela maintenant... parce que je pourrai le dire toujours avec joie et orgueil... mon amour pour vous sera mon ange gardien, mon sauveur, ma vertu, mon avenir... Tout ce que je ferai de bien viendra de lui et retournera à lui... Chaque jour je vous écrirai... pardonnez-moi cette exigence... c'est la seule que je me permette... Vous, monseigneur, vous me répondrez quelquefois... pour me donner des nouvelles de celle qu'un moment au moins j'ai appelée ma fille — dit Clémence sans pouvoir retenir ses pleurs — et qui le sera toujours dans ma pensée ; enfin, lorsque les années nous auront donné le droit d'avouer hautement l'inaltérable affection qui nous lie... eh bien ! je vous le jure sur votre fille... si vous le désirez j'irai vivre en Allemagne, dans la même ville que vous... pour ne plus nous quitter... et terminer ainsi une vie qui aurait pu être plus selon nos passions... mais qui aura du moins été honorable et digne...

— Monseigneur ! s'écria Murph en entrant précipitamment, celle que Dieu vous a rendue a repris ses sens, elle renaît. Son premier mot a été : Mon père !... Elle demande à vous voir.

. . . .

Peu d'instants après, madame d'Harville avait quitté l'hôtel du prince, et celui-ci se rendait en hâte chez la comtesse Mac-Grégor, accompagné de Murph, du baron de Graün et d'un aide-de-camp.

CHAPITRE XII.

LE MARIAGE.

Depuis que Rodolphe lui avait appris le meurtre de Fleur-de-Marie, la comtesse Sarah Mac-Grégor, écrasée par cette révélation qui ruinait toutes ses espérances, torturée par un remords tardif, avait été en proie à de violentes crises nerveuses, à un effrayant délire; sa blessure à demi cicatrisée s'était rouverte, et une longue syncope avait momentanément fait croire à sa mort. Pourtant, grâce à la force de sa constitution, elle ne succomba pas à cette rude atteinte; une nouvelle lueur de vie vint la ranimer encore.

Assise dans un fauteuil, afin de se soustraire aux oppressions qui la suffoquaient, Sarah était depuis quelques moments plongée dans des réflexions accablantes, regrettant presque la mort à laquelle elle venait d'échapper.

Tout à coup Thomas Seyton entra dans la chambre de la comtesse; il contenait difficilement une émotion profonde; d'un signe il éloigna les deux femmes de Sarah; celle-ci parut à peine s'apercevoir de la présence de son frère.

— Comment vous trouvez-vous? — lui dit-il.

— Dans le même état... j'éprouve une grande faiblesse... et de temps à autre des suffocations douloureuses... Pourquoi Dieu ne m'a-t-il pas retirée de ce monde... dans ma dernière crise?...

— Sarah — reprit Thomas Seyton après un moment de silence — vous êtes entre la vie et la mort... une émotion violente pourrait vous tuer... comme elle pourrait vous sauver.

— Je n'ai plus d'émotions à éprouver... mon frère...

— Peut-être...

— La mort de Rodolphe me trouverait indifférente... le spectre de ma fille noyée... noyée par ma faute... est là... toujours là devant... moi... Ce n'est pas une émotion... c'est un remords incessant... Je suis réellement mère... depuis que je n'ai plus d'enfant...

— J'aimerais mieux retrouver en vous cette froide ambition... qui vous faisait regarder votre fille comme un moyen de réaliser le rêve de votre vie.

— Les effrayants reproches du prince ont tué cette ambition... le sentiment maternel s'est éveillé en moi... au tableau des atroces misères de ma fille...

— Et... — dit Seyton en hésitant et en pesant pour ainsi dire chaque parole — si par hasard... supposons une chose impossible... un miracle... vous appreniez que votre fille vit encore... comment supporteriez-vous une telle découverte?...

— Je mourrais de honte et de désespoir à sa vue.

— Ne croyez pas cela... vous seriez trop

enivrée du triomphe de votre ambition!... Car enfin... si votre fille avait vécu... le prince vous épousait... il vous l'avait dit...

— En admettant cette supposition insensée... il me semble que je n'aurais pas le droit de vivre..... Après avoir reçu la main du prince... mon devoir serait de le délivrer... d'une épouse indigne... ma fille d'une mère dénaturée...

L'embarras de Thomas Seyton augmentait à chaque instant. Chargé par Rodolphe, qui était dans une pièce voisine, d'apprendre à Sarah que Fleur-de-Marie vivait, il ne savait que résoudre. La vie de la comtesse était si chancelante qu'elle pouvait s'éteindre d'un moment à l'autre; il n'y avait donc aucun retard à apporter au mariage *in extremis* qui devait légitimer la naissance de Fleur-de-Marie. Pour cette triste cérémonie, le prince s'était fait accompagner d'un ministre, de Murph et du baron de Graün comme témoins; le duc de Lucenay et lord Douglas, prévenus à la hâte par Seyton, devaient servir de témoins à la comtesse, et venaient d'arriver à l'instant même.

Les moments pressaient; mais les remords empreints de la tendresse maternelle qui remplaçaient alors chez Sarah une impitoyable ambition, rendaient la tâche de Seyton plus difficile encore. Tout son espoir était que sa sœur le trompait ou se trompait elle-même, et que l'orgueil de cette femme se réveillerait dès qu'elle toucherait à cette couronne si long-temps rêvée.

— Ma sœur... — dit Thomas Seyton d'une voix grave et solennelle — je suis dans une terrible perplexité... Un mot de moi va peut-être vous rendre à la vie... va peut-être vous tuer...

— Je vous l'ai dit... je n'ai plus d'émotions à redouter...

— Une seule... pourtant...

— Laquelle?

— S'il s'agissait... de votre fille?...

— Ma fille est morte...

— Si elle ne l'était pas?

— Nous avons épuisé cette supposition tout à l'heure... Assez, mon frère... mes remords me suffisent.

— Mais si ce n'était pas une supposition?...

Mais si, par un hasard incroyable... inespéré... votre fille avait été arrachée à la mort... mais si... elle vivait?

— Vous me faites mal... ne me parlez pas ainsi.

— Eh bien! donc, que Dieu me pardonne et vous juge!... elle vit encore...

— Ma fille?

— Elle vit... vous dis-je... Le prince est là... avec un ministre... J'ai fait prévenir deux de vos amis pour vous servir de témoins... Le vœu de votre vie est enfin réalisé... la prédiction s'accomplit... Vous êtes souveraine...

Thomas Seyton avait prononcé ces mots en attachant sur sa sœur un regard rempli d'angoisse, épiant sur son visage chaque signe d'émotion.

A son grand étonnement, les traits de Sarah restèrent presque impassibles : elle porta seulement ses deux mains à son cœur en se renversant dans son fauteuil, étouffa un léger cri qui parut lui être arraché par une douleur subite et profonde... puis sa figure redevint calme.

— Qu'avez-vous, ma sœur?...

LE MARIAGE.

— Rien... la surprise... une joie inespérée... Enfin mes vœux sont comblés!...

— Je ne m'étais pas trompé! — pensa Thomas Seyton. — L'ambition domine... elle est sauvée... — Puis s'adressant à Sarah : — Eh bien! ma sœur, que vous disais-je?

— Vous aviez raison... — reprit-elle avec un sourire amer et devinant la pensée de son frère — l'ambition a encore une fois étouffé en moi la maternité...

— Vous vivrez! et vous aimerez votre fille...

— Je n'en doute pas... je vivrai... voyez comme je suis calme...

— Et ce calme est réel?

— Abattue, brisée comme je le suis... aurais-je la force de feindre?...

— Vous comprenez maintenant mon hésitation de tout à l'heure?

— Non, je m'en étonne; car vous connaissiez mon ambition... Où est le prince?

— Il est ici.

— Je voudrais le voir... avant la cérémonie... — Puis elle ajouta avec une indifférence affectée : — Ma fille est là... sans doute?

— Non... Vous la verrez plus tard.

— En effet... j'ai le temps... Faites, je vous prie, venir le prince. .

— Ma sœur... je ne sais... mais votre air est étrange... sinistre.

— Voulez-vous pas que je rie?... Croyez-vous que l'ambition assouvie ait une expression douce et tendre?... Faites venir le prince!

Malgré lui Seyton était inquiet du calme de Sarah. Un moment il crut voir dans ses yeux des larmes contenues; après une nouvelle hésitation, il ouvrit une porte, qu'il laissa ouverte, et sortit.

— Maintenant — dit Sarah — pourvu que je voie... que j'embrasse ma fille, je serai satisfaite... Ce sera bien difficile à obtenir... Rodolphe, pour me punir, me refusera... Mais j'y parviendrai... oh! j'y parviendrai... Le voici...

Rodolphe entra et ferma la porte.

— Votre frère vous a tout dit? — demanda froidement le prince à Sarah.

— Tout...

— Votre... ambition... est satisfaite?

— Elle est... satisfaite...

— Le ministre... et les témoins... sont là...

— Je le sais...

— Ils peuvent entrer... je pense?...

— Un mot... monseigneur...

— Parlez... madame...

— Je voudrais... voir ma fille...

— C'est impossible...

— Je vous dis, monseigneur, que je veux voir ma fille!...

— Elle est à peine convalescente... elle a éprouvé déjà ce matin une violente secousse... cette entrevue lui serait funeste...

— Mais au moins... elle embrassera sa mère...

— A quoi bon? Vous voici princesse souveraine...

— Je ne le suis pas encore... et je ne le serai qu'après avoir embrassé ma fille...

Rodolphe regarda la comtesse avec un profond étonnement.

— Comment! — s'écria-t-il — vous soumettez la satisfaction de votre orgueil...

— A la satisfaction... de ma tendresse maternelle... Cela vous surprend... monseigneur?...

— Hélas!... oui.

— Verrai-je ma fille?...

— Mais...

— Prenez garde, monseigneur... les moments sont peut-être comptés... Ainsi que l'a dit mon frère... cette crise peut me sauver comme elle peut me tuer... Dans ce moment... je rassemble toutes mes forces... toute mon énergie... et il m'en faut beaucoup... pour lutter contre le saisissement d'une telle découverte... Je veux voir ma fille... ou sinon... je refuse votre main... et si je meurs... sa naissance ne sera pas légitimée...

— Fleur-de-Marie... n'est pas ici... il faudrait l'envoyer chercher... chez moi.

— Envoyez-la chercher à l'instant... et je consens à tout. Comme les moments... sont peut-être comptés... je vous l'ai dit... le mariage se fera... pendant le temps que Fleur-de-Marie mettra à se rendre ici...

— Quoique ce sentiment m'étonne de votre part... il est trop louable pour que je n'y aie pas égard... Vous verrez Fleur-de-Marie... Je vais lui écrire...

— Là... sur ce bureau... où j'ai été frappée...

Pendant que Rodolphe écrivait quelques mots à la hâte, la comtesse essuya la sueur glacée qui coulait de son front, ses traits jusqu'alors calmes trahirent une souffrance violente et cachée ; on eût dit que Sarah, en cessant de se contraindre, se reposait d'une dissimulation douloureuse.

Sa lettre écrite, Rodolphe se leva et dit à la comtesse :

— Je vais envoyer cette lettre à ma fille par un de mes aides-de-camp. Elle sera ici dans une demi-heure... puis-je rentrer avec les ministres et les témoins ?...

— Vous le pouvez... ou plutôt... je vous en prie, sonnez... ne me laissez pas seule... Chargez sir Walter de cette commission... il ramènera les témoins et le ministre...

Rodolphe sonna, une des femmes de Sarah parut...

— Priez mon frère d'envoyer ici sir Walter Murph — dit la comtesse...

La femme de chambre sortit.

— Cette union... est triste... Rodolphe...

— dit amèrement la comtesse. — Triste pour moi... Pour vous elle sera heureuse...

Le prince fit un mouvement.

— Elle sera heureuse pour vous, Rodolphe... car je n'y survivrai pas...

A ce moment Murph entra.

— Mon ami... — lui dit Rodolphe — envoie à l'instant cette lettre à ma fille... par le colonel; il la ramènera dans ma voiture... Prie le ministre et les témoins d'entrer dans la salle voisine.

— Mon Dieu... — s'écria Sarah d'un ton suppliant lorsque le squire eut disparu — faites qu'il me reste assez de forces pour la voir... que je ne meure pas avant son arrivée!...

— Ah! que n'avez-vous toujours été aussi bonne mère!...

— Grâce à vous, du moins, je connais le repentir... le dévouement... l'abnégation... Oui, tout à l'heure... quand mon frère m'a appris que notre fille vivait... laissez-moi dire notre fille... je ne le dirai pas long-temps, j'ai senti au cœur un coup affreux... J'ai senti que j'étais frappée à mort, j'ai caché cela...

mais j'étais heureuse..... La naissance de notre enfant serait légitimée... et je mourrais ensuite...

— Ne parlez pas ainsi...

— Oh! cette fois... je ne vous trompe pas... vous verrez...

— Et aucun vestige de cette ambition implacable qui vous a perdue!... Pourquoi la fatalité a-t-elle voulu que votre repentir fût si tardif?

— Il est tardif, mais profond, mais sincère, je vous le jure. A ce moment solennel... si je remercie Dieu... de me retirer de ce monde... c'est que ma vie vous eût été un horrible fardeau..,

— Sarah... de grâce...

— Rodolphe... une dernière prière... votre main...

Le prince, détournant la vue, tendit sa main à la comtesse, qui la prit vivement entre les siennes.

— Ah!... les vôtres sont glacées... — s'écria Rodolphe avec effroi.

— Oui... je me sens mourir... Peut-être,

par une dernière punition... Dieu ne voudra-t-il pas que j'embrasse ma fille...

— Oh! si... si... il sera touché de vos remords...

— Et vous... mon ami... en êtes-vous touché?... me pardonnez-vous?... Oh! de grâce... dites-le... Tout à l'heure... quand... notre fille sera là, si elle arrive à temps, vous ne pourrez pas me pardonner devant elle... ce serait lui apprendre... combien j'ai été coupable... et cela... vous ne le voudrez pas... Une fois que je serai morte... qu'est-ce que cela vous fait qu'elle m'aime?...

— Rassurez-vous... elle ne saura rien...

— Rodolphe... pardon!... oh... pardon!... Serez-vous sans pitié?... Ne suis-je pas assez malheureuse?...

— Eh bien... que Dieu vous pardonne le mal que vous avez fait à votre enfant... comme je vous pardonne celui que vous m'avez fait... malheureuse femme!

— Vous me pardonnez... du fond du cœur?...

— Du fond du cœur!... — dit le prince d'une voix émue.

La comtesse pressa vivement la main de Rodolphe contre ses lèvres défaillantes avec un élan de joie et de reconnaissance, puis elle dit :

— Faites entrer le ministre... mon ami... et dites-lui... qu'ensuite il ne s'éloigne pas... Je me sens bien faible...

Cette scène était déchirante; Rodolphe ouvrit les deux battants de la porte du fond, le ministre entra suivi de Murph et du baron de Graün, témoins de Rodolphe; et du duc de Lucenay et de lord Douglas, témoins de la comtesse ; Thomas Seyton venait ensuite.

Tous les acteurs de cette scène douloureuse étaient graves, tristes et recueillis; M. de Lucenay lui-même avait oublié sa pétulance habituelle.

Le contrat de mariage entre très-haut et très-puissant prince, S. A. R. Gustave-Rodolphe V, grand-duc régnant de Gerolstein, et Sarah Seyton de Halsbury, comtesse Mac-Gregor (contrat qui légitimait la naissance de Fleur-de-Marie), avait été préparé par les soins du baron de Graün; il fut lu par lui, et signé par les époux et leurs témoins.

Malgré le repentir de la comtesse, lorsque le ministre dit d'une voix solennelle à Rodolphe : — « Votre Altesse Royale consent-elle à prendre pour épouse madame Sarah Seyton de Halsbury, comtesse de Mac-Grégor? » et que le prince eut répondu : « Oui ! » d'une voix haute et ferme, le regard mourant de Sarah étincela ; une rapide et fugitive expression d'orgueilleux triomphe passa sur ses traits livides : c'était le dernier éclair de l'ambition qui mourait avec elle.

Durant cette triste et imposante cérémonie, aucune parole ne fut échangée entre les assistants. Lorsqu'elle fut accomplie, les témoins de Sarah, M. le duc de Lucenay et lord Douglas vinrent en silence saluer profondément le prince, puis sortirent.

Sur un signe de Rodolphe, Murph et M. de Graün les suivirent.

— Mon frère... — dit tout bas Sarah — priez le ministre de vous accompagner dans la pièce voisine... et d'avoir la bonté d'y attendre un moment.

— Comment vous trouvez-vous... ma sœur?... Vous êtes bien pâle...

LE MARIAGE.

— Je suis sûre de vivre... maintenant... ne suis-je pas grande duchesse de Gerolstein... — ajouta-t-elle avec un sourire amer.

Restée seule avec Rodolphe, Sarah murmura d'une voix épuisée, pendant que ses traits se décomposaient d'une manière effrayante :

— Mes forces sont à bout... je me sens... mourir... je ne la verrai pas...

— Si... si... rassurez-vous... Sarah... vous la verrez.

— Je ne l'espère plus... cette contrainte... Oh! il fallait... une force surhumaine... Ma vue se trouble... déjà.

— Sarah!... — dit le prince en s'approchant vivement de la comtesse et prenant ses mains dans les siennes — elle va venir... maintenant elle ne peut tarder...

— Dieu ne voudra pas m'accorder... cette dernière consolation.

— Sarah... écoutez... écoutez... Il me semble entendre une voiture... Oui... c'est elle... voilà votre fille!

— Rodolphe... vous ne lui direz pas... que j'étais une mauvaise mère — articula lentement la comtesse, qui déjà n'entendait plus.

Le bruit d'une voiture retentit sur les pavés sonores de la cour.

La comtesse ne s'en aperçut pas. Ses paroles devinrent de plus en plus incohérentes; Rodolphe était penché vers elle avec anxiété; il vit ses yeux se voiler...

— Pardon... ma fille... voir ma fille... pardon... au moins... après ma mort... les honneurs... de mon rang... — murmura-t-elle enfin.

Ce furent les derniers mots intelligibles de Sarah... L'idée fixe, dominante de toute sa vie, revenait encore malgré son repentir sincère.

Tout à coup Murph entra.

— Monseigneur... la princesse Marie...

— Non — s'écria vivement Rodolphe — qu'elle n'entre pas... Dis à Seyton d'amener le ministre. — Puis, montrant Sarah qui s'éteignait dans une lente agonie, Rodolphe ajouta :

— Dieu lui refuse la consolation suprême d'embrasser son enfant...

Une demi-heure après, la comtesse Sarah Mac-Grégor avait cessé de vivre.

CHAPITRE XIII.

BICÊTRE.

Quinze jours s'étaient passés depuis que Rodolphe, en épousant Sarah *in extremis*, avait légitimé la naissance de Fleur-de-Marie.

C'était le jour de la mi-carême. Cette date établie, nous conduirons le lecteur à Bicêtre. Cet immense établissement, destiné, ainsi que chacun sait, au traitement des aliénés, sert aussi de lieu de refuge à sept ou huit cents vieillards pauvres, qui sont admis à cette espèce de maison d'invalides civils (1) lorsqu'ils

---

(1) Nous ne saurions trop répéter qu'à la session dernière une pétition basée sur les sentiments et les vœux les plus honorables, tendant à demander la fondation de *maisons d'invalides civils pour les ouvriers*, a été écartée au milieu *de l'hilarité générale de la Chambre.* (· le *Moniteur*.)

sont âgés de soixante-dix ans ou atteints d'infirmités très-graves.

En arrivant à Bicêtre, on entre d'abord dans une vaste cour plantée de grands arbres, coupée de pelouses vertes ornées en été de plates-bandes de fleurs. Rien de plus riant, de plus calme, de plus salubre que ce promenoir spécialement destiné aux vieillards indigents dont nous avons parlé; il entoure les bâtiments où se trouvent, au premier étage, de spacieux dortoirs bien aérés, garnis de bons lits, et au rez-de-chaussée des réfectoires d'une admirable propreté, où les pensionnaires de Bicêtre prennent en commun une nourriture saine, abondante, agréable et préparée avec un soin extrême, grâce à la paternelle sollicitude des administrateurs de ce bel établissement.

Un tel asile serait le rêve de l'artisan veuf ou célibataire qui, après une longue vie de privations, de travail et de probité, trouverait là le repos, le bien-être qu'il n'a jamais connus.

Malheureusement le favoritisme qui de nos jours s'étend à tout, envahit tout, s'est emparé des bourses de Bicêtre, et ce sont en grande partie d'anciens domestiques qui jouissent de ces retraites, grâce à l'influence de leurs derniers maîtres.

Ceci nous semble un abus révoltant.

Rien de plus méritoire que les longs et honnêtes services domestiques, rien de plus digne de récompense que ces serviteurs qui, éprouvés par des années de dévouement, finissaient autrefois par faire presque partie de la famille; mais, si louables que soient de pareils antécédents, c'est le maître qui en a profité, et non l'État, qui doit les rémunérer.

Ne serait-il donc pas juste, moral, humain, que les places de Bicêtre et celles d'autres établissements semblables appartinssent *de droit* à des artisans choisis parmi ceux qui justifieraient de la meilleure conduite et de la plus grande infortune?

Pour eux, si limité que fût leur nombre, ces retraites seraient au moins une lointaine espérance qui allégerait un peu leur fatigue, leur misère de chaque jour... salutaire espoir qui les encouragerait au bien, en leur montrant dans un avenir éloigné sans doute, mais enfin certain, un peu de calme... de bonheur pour récompense... Et comme ils ne pourraient prétendre à ces retraites que par une conduite irréprochable, leur moralisation deviendrait pour ainsi dire forcée...

Est-ce donc trop de demander que le petit nombre de travailleurs qui atteignent un âge très avancé à travers des privations de toutes sortes, aient au moins la chance d'obtenir un jour à Bicêtre du pain, du repos, un abri pour leur vieillesse épuisée?

Il est vrai qu'une telle mesure exclurait à l'avenir, de cet établissement, les gens de lettres, les savants, les artistes d'un grand âge, qui n'ont pas d'autre refuge...

Oui, de nos jours, des hommes dont les talents, dont la science, dont l'intelligence ont été estimés de leur temps, obtiennent à grand'peine une place parmi ces vieux serviteurs que le crédit de leur maître envoie à Bicêtre.

Au nom de ceux-là qui ont concouru au renom, aux plaisirs de la France, de ceux-là dont la réputation a été consacrée par la voix populaire, est-ce trop demander que vouloir pour leur extrême vieillesse une retraite modeste, mais digne?

Sans doute c'est trop... et pourtant citons un exemple entre mille : on a dépensé 8 ou 10 millions pour le monument de la Madeleine, qui n'est ni un temple ni une église; avec cette somme énorme que de bien à faire! fonder, je suppose, une maison d'asile où deux cent cinquante ou trois cents personnes, jadis remarquables comme savants, poètes, musiciens, administrateurs, médecins, avocats, etc., etc. (car presque toutes ces professions ont successivement leurs représentants parmi les pensionnaires de Bicêtre), auraient trouvé une retraite honorable.

Sans doute c'était là une question d'humanité, de pudeur, de dignité nationale pour un pays qui prétend marcher à la tête des arts, de l'intelligence et de la civilisation; mais l'on n'y a pas songé...

Car Hégésippe Moreau et tant d'autres rares génies sont morts à l'hospice ou dans l'indigence...

Car de nobles intelligences, qui ont autrefois rayonné d'un pur et vif éclat, portent aujourd'hui à Bicêtre la houppelande des bons pauvres...

Car il n'y a pas ici, comme à Londres, un établissement charitable (1), où un étranger sans ressources trouve au moins pour une nuit un toit, un lit et un morceau de pain...

Car les ouvriers qui vont *en Grève* chercher du travail et attendre les *embauchements* n'ont pas même pour se garantir des intempéries des saisons un hangar pareil à celui qui, dans les marchés, abrite le bétail en vente (2).

(1) *Société de bienfaisance*, fondée à Londres par un de nos compatriotes, M. le comte d'Orsay, qui continue à cette noble et digne œuvre son patronage aussi généreux qu'éclairé.

(2) Nous connaissons l'activité, le zèle de M. le préfet de la Seine et de M. le préfet de police, leur excellent vouloir pour les classes pauvres et ouvrières. Espérons que cette réclamation parviendra jusqu'à eux, et que leur initiative auprès du conseil municipal fera cesser un tel état de choses. La dépense serait minime et le bienfait serait grand. Il en serait de même pour les prêts gratuits faits par le Mont-de-Piété, lorsque la somme empruntée serait au-dessous de 3 ou 4 fr., je suppose. Ne devrait-on pas aussi, répétons-le, abaisser le taux exorbitant de l'intérêt? Comment la ville de Paris, si puissamment riche, ne fait-elle pas jouir les classes pauvres des avantages que leur offrent, ainsi que je l'ai dit, beaucoup de villes du nord et du midi de la France, en prêtant soit gratuitement, soit à 3 et 4 pour 100 d'intérêt? (Voir l'excellent ouvrage de M. Blaise, sur la *Statistique* et l'*Organisation du Mont-de-Piété*, ouvrage rempli de faits curieux, d'appréciations sincères, éloquentes et élevées.)

Pourtant la Grève est la *Bourse* des travailleurs sans ouvrage... et dans cette Bourse-là il ne se fait que d'honnêtes transactions... car elles n'ont pour fin que d'obtenir un rude labeur et un salaire insuffisant dont l'artisan paye un pain bien amer...

Car...

Mais l'on ne cesserait pas si l'on voulait compter tout ce que l'on a sacrifié d'utiles fondations à cette grotesque imagination de temple grec, enfin destiné au culte catholique.

. . . .

Mais revenons à Bicêtre et disons, pour complétement énumérer les différentes destinations de cet établissement, qu'à l'époque de ce récit les condamnés à mort y étaient conduits après leur jugement. C'est donc dans un des cabanons de cette maison que la veuve Martial et sa fille Calebasse attendaient le moment de leur exécution fixée au lendemain ; la mère et la fille n'avaient voulu se pourvoir ni en grâce ni en cassation. Nicolas, le Squelette et plusieurs autres scélérats étaient parvenus à s'évader de la Force la veille de leur transfèrement à Bicêtre.

Nous l'avons dit, rien de plus riant que l'abord de cet édifice lorsqu'en venant de Paris on y entrait par la cour des Pauvres.

Grâce à un printemps hâtif, les ormes et les tilleuls se couvraient déjà de pousses verdoyantes; les grandes pelouses de gazon étaient d'une fraîcheur extrême, et çà et là les plates-bandes s'émaillaient de perce-neige, de primevères, d'oreilles-d'ours aux couleurs vives et variées; le soleil dorait le sable brillant des allées. Les vieillards pensionnaires, vêtus de houppelandes grises, se promenaient çà et là, ou devisaient, assis sur des bancs : leur physionomie sereine annonçait généralement le calme, la quiétude ou une sorte d'insouciance tranquille.

Onze heures venaient de sonner à l'horloge lorsque deux fiacres s'arrêtèrent devant la grille extérieure; de la première voiture descendirent madame Georges, Germain et Rigolette; de la seconde, Louise Morel et sa mère.

Germain et Rigolette étaient, on le sait,

mariés depuis quinze jours. Nous laissons le lecteur s'imaginer la pétulante gaieté, le bonheur turbulent qui rayonnaient sur le frais visage de la grisette, dont les lèvres fleuries ne s'ouvraient que pour rire, sourire ou embrasser madame Georges, qu'elle appelait sa mère...

Les traits de Germain exprimaient une félicité plus calme, plus réfléchie, plus grave... il s'y mêlait un sentiment de reconnaissance profonde, presque du respect pour cette bonne et vaillante jeune fille qui lui avait apporté en prison des consolations si secourables, si charmantes... ce dont Rigolette n'avait pas l'air de se souvenir le moins du monde; aussi, dès que son *petit Germain* mettait l'entretien sur ce sujet, elle parlait aussitôt d'autre chose, prétextant que ces souvenirs l'attristaient. Quoiqu'elle fût devenue *madame Germain* et que Rodolphe l'eût dotée de quarante mille francs, Rigolette n'avait pas voulu, et son mari avait été de cet avis, changer sa coiffure de grisette contre un chapeau. Certes jamais l'humilité ne servit mieux une innocente coquetterie; car rien n'était plus gracieux, plus élégant que son petit bonnet à barbes plates, un peu à la paysanne, orné de chaque côté de deux gros nœuds orange, qui faisaient encore valoir le noir éclatant de ses jolis cheveux, qu'elle portait longs et bouclés, depuis qu'elle avait le *temps* de mettre des papillotes; un col richement brodé entourait le cou charmant de la jeune mariée; une écharpe de cachemire français de la même nuance que les rubans du bonnet cachait à demi sa taille souple et fine, et quoiqu'elle n'eût pas de corset, selon son habitude (bien qu'elle eût aussi le *temps* de se lacer), sa robe montante de taffetas mauve ne faisait pas le plus léger pli sur son corsage svelte, arrondi, comme celui de la Galatée de marbre.

Madame Georges contemplait son fils et Rigolette avec un bonheur profond, toujours nouveau.

Louise Morel, après une instruction minutieuse et l'autopsie de son enfant, avait été mise en liberté par la chambre d'accusation; les beaux traits de la fille du lapidaire, creusés par le chagrin, annonçaient une sorte de résignation douce et triste. Grâce à la générosité de Rodolphe et aux soins qu'il lui avait fait donner, la mère de Louise Morel, qui l'accompagnait, avait retrouvé la santé.

Le concierge de la porte extérieure ayant demandé à madame Georges ce qu'elle désirait, celle-ci lui répondit que l'un des médecins des salles d'aliénés lui avait donné rendez-vous à onze heures et demie, ainsi qu'aux personnes qui l'accompagnaient; madame Georges eut le choix d'attendre le docteur, soit dans un bureau qu'on lui indiqua, soit dans la grande cour plantée dont nous avons parlé. Elle prit ce dernier parti, s'appuya sur le bras de son fils, et, continuant de causer avec la femme du lapidaire, elle parcourut les allées du jardin; Louise et Rigolette les suivaient à peu de distance.

— Que je suis donc contente de vous revoir, chère Louise! — dit la grisette. — Tout à l'heure, quand nous avons été vous chercher rue du Temple, à notre arrivée de Bouqueval, je voulais monter chez vous; mais *mon mari* n'a pas voulu, disant que c'était trop haut; j'ai attendu dans le fiacre. Votre voiture a suivi la nôtre, ça fait que je vous retrouve pour la première fois depuis que...

— Depuis que vous êtes venue me consoler en prison... Ah! mademoiselle Rigolette — s'écria Louise avec attendrissement — quel bon cœur!... quel...

— D'abord, ma bonne Louise — dit la grisette en interrompant gaiement la fille du lapidaire, afin d'échapper à ses remercîments — je ne suis plus mademoiselle Rigolette, mais *madame Germain*. Je ne sais pas si vous le savez... et je tiens à mes titres...

— Oui... je vous savais... mariée... Mais laissez-moi vous remercier encore de...

— Ce que vous ignorez certainement, ma bonne Louise — reprit *madame Germain* en interrompant de nouveau la fille de Morel, afin de changer le cours de ses idées — ce que vous ignorez, c'est que je me suis mariée, grâce à la générosité de celui qui a été notre Providence à tous, à vous, à votre famille, à moi, à Germain, à sa mère!

— M. Rodolphe! Oh! nous le bénissons chaque jour!... Lorsque je suis sortie de prison, l'avocat qui était venu de sa part me voir, me conseiller et m'encourager, m'a dit que, grâce à M. Rodolphe qui avait déjà tant fait pour nous, M. Ferrand... — et la malheureuse ne put prononcer ce nom sans frissonner — M. Ferrand, pour réparer ses cruautés, avait assuré une rente à moi et une à mon pauvre père... qui est toujours ici, lui... mais qui, grâce à Dieu, va de mieux en mieux...

— Et qui reviendra aujourd'hui avec vous à Paris... si l'espérance de ce digne médecin se réalise.

— Plût au ciel !...

— Cela doit plaire au ciel... Votre père est si bon, si honnête ! Et je suis sûre, moi, que nous l'emmènerons. Le médecin pense maintenant qu'il faut frapper un grand coup, et que la présence imprévue des personnes que votre père avait l'habitude de voir presque chaque jour avant de perdre la raison... pourra terminer sa guérison... Moi, dans mon petit jugement... cela me paraît certain...

— Je n'ose encore y croire, mademoiselle.

— Madame Germain... madame Germain... si ça vous est égal, ma bonne Louise... Mais, pour en revenir à ce que je vous disais, vous ne savez pas ce que c'est que M. Rodolphe?

— C'est la Providence des malheureux.

— D'abord... et puis encore? vous l'ignorez... Eh bien! je vais vous le dire... — Puis, s'adressant à son mari qui marchait devant elle, donnait le bras à madame Georges et causait avec la femme du lapidaire, Rigolette s'écria : — Ne va donc pas si vite, mon ami... tu fatigues notre bonne mère... et puis j'aime à t'avoir plus près de moi.

Germain se retourna, ralentit un peu sa marche, et sourit à Rigolette, qui lui envoya furtivement un baiser.

— Comme il est gentil, mon petit Germain! N'est-ce pas, Louise? Avec ça l'air si distingué!.. une si jolie taille! Avais-je raison de le trouver mieux que mes autres voisins, M. Giraudeau, le commis voyageur et M. Cabrion!.. Ah! mon Dieu! à propos de Cabrion... M. Pipelet et sa femme, où sont-ils donc? Le médecin avait dit qu'ils devaient venir aussi, parce que votre père avait souvent prononcé leur nom...

— Ils ne tarderont pas. Quand j'ai quitté

la maison, ils étaient partis depuis longtemps.

— Oh! alors ils ne manqueront pas au rendez-vous; pour l'exactitude, M. Pipelet est une vraie pendule... Mais revenons à mon mariage et à M. Rodolphe. Figurez-vous, Louise, que c'est d'abord lui qui m'a envoyée porter à Germain l'ordre qui le rendait libre. Vous pensez notre joie en sortant de cette maudite prison! Nous arrivons chez moi, et là, aidée de Germain, je fais une dînette... mais une dînette de vrais gourmands. Il est vrai que ça ne nous a pas servi à grand'chose; car, quand elle a été finie, nous n'avons mangé ni l'un ni l'autre, nous étions trop contents. A onze heures Germain s'en va; nous nous donnons rendez-vous pour le lendemain matin. A cinq heures j'étais debout et à l'ouvrage, car j'étais au moins de deux jours de travail en retard. A huit heures on frappe, j'ouvre; qui est-ce qui entre? M. Rodolphe... D'abord, je commence à le remercier du fond du cœur pour ce qu'il a fait pour Germain; il ne me laisse pas finir. — Ma voisine — me dit-il — Germain va venir, vous lui remettrez cette lettre. Vous et lui prendrez un fiacre; vous vous rendrez tout de suite à un petit village appelé Bouqueval, près d'Écouen, route de Saint-Denis. Une fois là, vous demanderez madame Georges... et bien du plaisir. — Monsieur Rodolphe, je vais vous dire; c'est que ce sera encore une journée de perdue, et, sans reproche, ça fera trois. — Rassurez-vous, ma voisine, vous trouverez de l'ouvrage chez madame Georges; c'est une excellente pratique que je vous donne. — Si c'est comme ça, à la bonne heure, monsieur Rodolphe. — Adieu, ma voisine. — Adieu et merci, mon voisin. — Il part, et Germain arrive, je lui conte la chose; M. Rodolphe ne pouvait pas nous tromper; nous montons en voiture gais comme des fous, nous si tristes la veille... Jugez... nous arrivons... Ah! ma bonne Louise... tenez, malgré moi, les larmes m'en viennent encore aux yeux... Cette madame Georges, que voilà devant nous, c'était la mère de Germain.

— Sa mère!!

— Mon Dieu, oui... sa mère, à qui on l'avait enlevé tout enfant, et qu'il n'espérait plus revoir. Vous pensez leur bonheur à tous deux. Quand madame Georges a eu bien pleuré, bien embrassé son fils, ç'a été mon tour. M. Rodolphe lui avait sans doute écrit de bonnes choses de moi, car elle m'a dit, en me serrant dans ses bras, qu'elle savait ma conduite pour son fils. — Et si vous le voulez, ma mère—dit Germain—Rigolette sera votre fille aussi. — Si je le veux, mes enfants, de tout mon cœur; je le sais, jamais tu ne trouveras une meilleure ni une plus gentille femme. — Nous voilà donc installés dans une belle ferme avec Germain, sa mère et mes oiseaux, que j'avais fait venir, pauvres petites bêtes! pour qu'ils soient aussi de la partie. Quoique je n'aime pas la campagne, les jours passaient si vite que c'était comme un rêve; je ne travaillais que pour mon plaisir; j'aidais madame Georges, je me promenais avec Germain, je chantais, je sautais, c'était à en devenir folle... Enfin notre mariage est arrêté pour il y a eu hier quinze jours... La surveille, qui est-ce qui arrive dans une belle voiture? Un grand gros monsieur chauve, l'air excellent, qui m'apporte, de la part de

M. Rodolphe, une corbeille de mariage. Figurez-vous, Louise, un grand coffre de bois de rose, avec ces mots écrits dessus en lettres d'or sur une plaque de porcelaine bleue : *Travail et Sagesse, Amour et Bonheur.* J'ouvre le coffre, qu'est-ce que je trouve? des petits bonnets de dentelles comme celui que je porte, des robes en pièces, des bijoux, des gants, cette écharpe, un beau châle; enfin c'était comme un conte de fées.

— C'est vrai au moins que c'est comme un conte de fées; mais voyez comme ça vous a porté bonheur... d'être si bonne, si laborieuse.

— Quant à être bonne et laborieuse... ma chère Louise, je ne l'ai pas fait exprès... ça s'est trouvé ainsi... tant mieux pour moi... mais ça n'est pas tout : au fond du coffret je découvre un joli portefeuille avec ces mots : *Le voisin à sa voisine.* Je l'ouvre : il y avait deux enveloppes, l'une pour Germain, l'autre pour moi; dans celle de Germain je trouve un papier qui le nommait directeur d'une banque pour les pauvres avec 4,000 fr. d'appointements; lui, dans l'enveloppe qui m'était des-

tinée, trouve un bon de 40,000 fr. sur le...
sur le Trésor... oui... c'est cela, c'était ma
dot... Je veux le refuser, mais madame Georges, qui avait causé avec le grand monsieur
chauve et avec Germain, me dit : — Mon enfant, vous pouvez, vous devez accepter, c'est
la récompense de votre sagesse, de votre travail... et de votre dévouement à ceux qui
souffrent... Car c'est en prenant sur vos nuits,
au risque de vous rendre malade et de perdre
ainsi vos seuls moyens d'existence, que vous
êtes allée consoler vos amis malheureux...

—Oh! ça, c'est bien vrai—s'écria Louise—
il n'y en a pas une autre comme vous au
moins... mademoi... madame Germain.

— A la bonne heure!.... Moi, je dis au
grand monsieur chauve, que ce que j'ai
fait c'est par plaisir ; il me répond : —
C'est égal, M. Rodolphe est immensément
riche, votre dot est de sa part un gage
d'estime, d'amitié; votre refus lui causerait un grand chagrin; il assistera d'ailleurs à votre mariage, et il vous forcera
bien d'accepter.

— Quel bonheur que tant de richesse

tombe à une personne aussi charitable que M. Rodolphe!

— Sans doute il est bien riche, mais s'il n'était que cela. Ah! ma bonne Louise, si vous saviez ce que c'est que M. Rodolphe!... Et moi qui lui ai fait porter mes paquets!! Mais patience... vous allez voir... La veille du mariage... le soir très-tard, le grand monsieur chauve arrive en poste; M. Rodolphe ne pouvait pas venir... il était souffrant, mais le grand monsieur chauve venait le remplacer... C'est seulement alors, ma bonne Louise, que nous avons appris que votre bienfaiteur, que le nôtre, était.... devinez quoi?... un prince!

— Un prince?

— Qu'est-ce que je dis, un prince... une Altesse Royale, un grand duc régnant, un roi en petit... Germain m'a expliqué ça.

— M. Rodolphe!...

— Hein! ma pauvre Louise! Et moi qui lui avais demandé de m'aider à cirer ma chambre!..

— Un prince... presque un roi! C'est ça qu'il a tant de pouvoir pour faire le bien.

— Vous comprenez ma confusion, ma bonne Louise. Aussi, voyant que c'était presque un roi, je n'ai pas osé refuser la dot. Nous avons été mariés... Il y a huit jours, M. Rodolphe nous a fait dire, à nous deux Germain et à madame Georges, qu'il serait très-content que nous lui fissions une visite de noces; nous y allons. Dame, vous comprenez, le cœur me battait fort; nous arrivons rue Plumet, nous entrons dans un palais; nous traversons des salons remplis de domestiques galonnés, de messieurs en noir avec des chaînes d'argent au cou et l'épée au côté, d'officiers en uniforme; que sais-je, moi? et puis des dorures, des dorures partout, qu'on en était ébloui. Enfin nous trouvons le monsieur chauve dans un salon avec d'autres messieurs tout chamarrés de broderies; il nous introduit dans une grande pièce, où nous trouvons M. Rodolphe... c'est-à-dire le prince, vêtu très-simplement et l'air si bon, si franc, si peu fier... enfin *l'air si M. Rodolphe d'autrefois*, que je me suis sentie tout de suite à mon aise, en me rappelant que je lui avais fait m'attacher mon châle, me tailler des plumes et me donner le bras dans la rue.

— Vous n'avez plus eu peur? Oh! moi, comme j'aurais tremblé!

—Eh bien! moi, non. Après avoir reçu madame Georges avec une bonté sans pareille et offert sa main à Germain, le prince m'a dit en souriant : — Eh bien! ma voisine, comment vont papa Crétu et Ramonette? (c'est le nom de mes oiseaux; faut-il qu'il soit aimable pour s'en être souvenu...) — Je suis sûr — a-t-il ajouté — que maintenant vous et Germain vous luttez de chants joyeux avec vos jolis oiseaux? — Oui, monseigneur (madame Georges nous avait fait la leçon toute la route, à nous deux Germain, nous disant qu'il fallait appeler le prince monseigneur.) Oui, monseigneur, notre bonheur est grand, et il nous semble plus doux et plus grand encore parce que nous vous le devons. — Ce n'est pas à moi que vous le devez, mon enfant, mais à vos excellentes qualités et à celles de Germain. Et cætera, et cætera, je passe le reste de ses compliments. — Enfin nous avons quitté ce seigneur le cœur un peu gros, car nous ne le verrons plus... Il nous a dit qu'il retournait en Allemagne sous peu de jours, peut-être qu'il est déjà parti; mais, parti ou non, son souvenir sera toujours avec nous.

— Puisqu'il a des sujets, ils doivent être bien heureux !

—Jugez ! il nous a fait tant de bien, à nous qui ne lui sommes rien... J'oubliais de vous dire que c'était à cette ferme-là qu'avait habité une de mes anciennes compagnes de prison, une bien bonne et bien honnête petite fille qui, pour son bonheur, avait aussi rencontré M. Rodolphe; mais madame Georges m'avait bien recommandé de n'en pas parler au prince, je ne sais pas pourquoi... sans doute parce qu'il n'aime pas qu'on lui parle du bien qu'il fait... Ce qui est sûr, c'est qu'il paraît que cette chère Goualeuse a retrouvé ses parents, qui l'ont emmenée avec eux, bien loin, bien loin; tout ce que je regrette, c'est de ne pas l'avoir embrassée avant son départ.

— Allons, tant mieux — dit amèrement Louise — elle est heureuse aussi, elle...

— Ma bonne Louise, pardon... je suis égoïste; c'est vrai, je ne vous parle que de bonheur... à vous qui avez tant de raisons d'être encore chagrine.

— Si mon enfant m'était resté — dit tristement Louise en interrompant Rigolette —

cela m'aurait consolée; car maintenant quel est l'honnête homme qui voudra de moi, quoique j'aie de l'argent?...

— Au contraire, Louise, moi je dis qu'il n'y a qu'un honnête homme capable de comprendre votre position; oui... lorsqu'il saura tout, lorsqu'il vous connaîtra, il ne pourra que vous plaindre, vous estimer... et il sera bien sûr d'avoir en vous une bonne et digne femme...

— Vous dites cela pour me consoler.

— Non, je dis cela parce que c'est vrai.

— Enfin, vrai ou non, ça me fait du bien, toujours... et je vous en remercie... Mais qui vient donc là? Tiens, c'est M. Pipelet et sa femme!... Mon Dieu, comme il a l'air content! lui qui, dans les derniers temps, était toujours si malheureux à cause des plaisanteries de M. Cabrion.

En effet, M. et madame Pipelet s'avançaient allègrement; Alfred, toujours coiffé de son inamovible chapeau tromblon, portait un magnifique habit vert-pré encore dans tout son lustre; sa cravate, à coins brodés, laissait dépasser un col de chemise formidable qui lui cachait la moitié des joues; un grand gilet fond jaune-vif, à larges bandes marron, un pantalon noir un peu court, des bas d'une éblouissante blancheur et des souliers cirés à l'œuf complétaient son accoutrement.

Anastasie se prélassait dans une robe de mérinos amarante sur laquelle tranchait vivement un châle d'un bleu foncé... Elle exposait orgueilleusement à tous les regards sa perruque fraîchement bouclée, et tenait son bonnet suspendu à son bras par des brides de ruban vert en manière de *ridicule*.

La physionomie d'Alfred, ordinairement si grave, si recueillie et dernièrement si abattue, était rayonnante, jubilante, rutilante; du plus loin qu'il aperçut Louise et Rigolette, il accourut en s'écriant de sa voix de basse :

— Délivré... Parti !!

— Ah ! mon Dieu ! monsieur Pipelet — dit Rigolette — comme vous avez l'air joyeux ! qu'avez-vous donc ?

— Parti... mademoiselle, ou plutôt madame, veux-je, puis-je, dois-je dire, car maintenant vous êtes exactement semblable à Anastasie, grâce au *conjungo*, de même que votre mari, M. Germain, est exactement semblable à moi...

— Vous êtes bien honnête, monsieur Pipelet — dit Rigolette en souriant; — mais qui est donc parti?

— Cabrion!! — s'écria M. Pipelet en respirant et en aspirant l'air avec une indicible satisfaction, comme s'il eût été dégagé d'un poids énorme. — Il quitte la France à jamais, à toujours... à perpétuité... enfin il est parti.

— Vous en êtes bien sûr?

— Je l'ai vu... de mes yeux vu monter hier en diligence... route de Strasbourg, lui, tous ses bagages... et tous ses effets, c'est-à-dire un étui à chapeau, un appuie-main et une boîte à couleurs.

— Qu'est-ce qu'il vous chante là, ce vieux chéri? — dit Anastasie en arrivant essoufflée, car elle avait difficilement suivi la course précipitée d'Alfred. — Je parie qu'il vous parle du départ de Cabrion? il n'a fait qu'en rabâcher toute la route...

— C'est-à-dire, Anastasie, que je ne tiens pas sur terre... Avant, il me semblait que mon chapeau était doublé de plomb; maintenant on dirait que l'air me soulève vers le firmament!! parti... enfin... parti!! et il ne reviendra plus!

— Heureusement, le gredin.

— Anastasie... ménagez les absents... le bonheur me rend clément; je dirai simplement que c'était un indigne polisson.

— Et comment avez-vous su qu'il allait en Allemagne? — demanda Rigolette.

— Par un ami de mon roi des locataires... A propos de ce cher homme, vous ne savez pas? grâce aux bons renseignements qu'il a donnés de nous, Alfred est nommé concierge-gardien d'un mont-de-piété et d'une banque charitable, fondés dans notre maison par une bonne âme qui me fait joliment l'effet d'être celle dont M. Rodolphe était le commis-voyageur en bonnes actions !

— Cela se trouve bien — reprit Rigolette — c'est mon mari qui est le directeur de cette banque, aussi par le crédit de M. Rodolphe.

— Et allllez donc... — s'écria gaiement madame Pipelet. — Tant mieux! tant mieux! mieux vaut des connaissances que des intrus, mieux vaut des anciens visages que des nouveaux... Mais, pour en revenir à Cabrion, figurez-vous qu'un grand gros monsieur chauve, en venant nous apprendre la nomination d'Alfred comme gardien, nous a demandé si un peintre de beaucoup de talent, nommé Cabrion, n'avait pas demeuré chez nous. Au nom de Cabrion, voilà mon vieux chéri qui lève sa botte en l'air, et qui a la *petite-mort*. Heureusement le gros grand chauve ajoute : — Ce jeune peintre va partir pour l'Allemagne ; une personne riche l'y emmène pour des travaux qui l'y retiendront pendant des années... peut-être même se fixera-t-il tout à fait à l'étranger. En foi de quoi le particulier donna à mon vieux chéri la date du départ de Cabrion et l'adresse des Messageries.

— Et j'ai le bonheur inespéré de lire sur le registre : *M. Cabrion, artiste peintre, départ pour Strasbourg et l'étranger par correspondance.*

— Le départ était fixé à ce matin...

— Je me rends dans la cour avec mon épouse...

— Nous voyons le gredin monter sur l'impériale à côté du conducteur.

— Et enfin, au moment où la voiture s'ébranle, Cabrion m'aperçoit, me reconnaît, se retourne, et me crie : *Je pars pour toujours... à toi pour la vie !* Heureusement la trompette du conducteur étouffa presque ces derniers mots et ce tutoiement indécent que je méprise... car enfin, Dieu soit loué, il est parti.

— Et parti pour toujours, croyez-le, monsieur Pipelet — dit Rigolette en contraignant une violente envie de rire. — Mais ce que vous ne savez pas, et ce qui va bien vous étonner... c'est que M. Rodolphe était...

— Était ?

— Un prince déguisé... une Altesse Royale.

— Allons donc, quelle farce ! — dit Anastasie.

— Je vous le jure sur mon mari... — dit très-sérieusement Rigolette.

— Mon roi des locataires... une Altesse Royale ! — s'écria Anastasie. — Allllez donc !.. Et moi qui l'ai prié de garder ma loge !!... Pardon... pardon... pardon...

Et elle remit machinalement son bonnet, comme si cette coiffure eût été plus convenable pour parler d'un prince.

Par une manifestation diamétralement opposée quant à la forme, mais toute semblable quant au fond, Alfred, contre son habitude, se décoiffa complétement, et salua profondément le vide en s'écriant : — Un prince... une Altesse dans notre loge !.. Et il m'a vu sous le linge quand j'étais au lit par suite des indignités de Cabrion !

A ce moment madame Georges se retourna, et dit à son fils et à Rigolette :

— Mes enfants, voici M. le docteur.

CHAPITRE XIV.

LE MAÎTRE D'ÉCOLE.

Le docteur Herbin, homme d'un âge mûr, avait une physionomie infiniment spirituelle et distinguée, un regard d'une profondeur, d'une sagacité remarquable, et un sourire d'une bonté extrême. Sa voix, naturellement harmonieuse, devenait presque caressante lorsqu'il s'adressait aux aliénés; aussi la suavité de son accent, la mansuétude de ses paroles semblaient souvent calmer l'irritabilité naturelle de ces infortunés. L'un des premiers il avait substitué, dans le traitement de la folie, la commisération et la bienveillance aux terribles moyens coercitifs employés autrefois; plus de chaînes, plus de coups, plus de douches, *plus d'isolement* surtout (sauf quelques cas exceptionnels).

Sa haute intelligence avait compris que la monomanie, que l'insanité, que la fureur s'exaltent par la séquestration et par les brutalités; qu'en soumettant au contraire les aliénés à la vie commune, mille distractions, mille incidents de tous les moments les empêchent de s'absorber dans une idée fixe, d'autant plus funeste qu'elle est plus concentrée par la solitude et par l'intimidation.

Ainsi l'expérience prouve que, pour les aliénés, l'*isolement* est aussi funeste qu'il est salutaire pour les détenus criminels.... la perturbation mentale des premiers s'accroissant dans la solitude, de même que la perturbation ou plutôt la subversion morale des seconds s'augmente et devient incurable par la fréquentation de leurs pairs en corruption.

Sans doute, dans plusieurs années, le système pénitentiaire actuel, avec ses prisons en commun, véritables écoles d'infamie, avec ses bagnes, ses chaînes, ses piloris et ses échafauds, paraîtra aussi vicieux, aussi sauvage, aussi atroce que l'ancien traitement qu'on infligeait aux aliénés paraît à cette heure absurde et atroce....

. . . .

— Monsieur — dit madame Georges (1) à M. Herbin — j'ai cru pouvoir accompagner mon fils et ma belle-fille, quoique je ne connaisse pas M. Morel. La position de cet excellent homme m'a paru si intéressante, que je n'ai pu résister au désir d'assister avec mes enfants au réveil complet de sa raison, qui, vous l'espérez, nous a-t-on dit, lui reviendra en suite de l'épreuve à laquelle vous allez le soumettre.

— Je compte du moins beaucoup, madame, sur l'impression favorable que doit lui causer la présence de sa fille et des personnes qu'il avait habitude de voir.

— Lorsqu'on est venu arrêter mon mari — dit la femme de Morel avec émotion, en montrant Rigolette au docteur — notre bonne petite voisine était occupée à me secourir moi et mes enfants....

(1) Nous savons que les femmes sont très-difficilement admises dans les maisons d'aliénés : mais nous demandons pardon au lecteur de cette irrégularité nécessaire à notre fable.

— Mon père connaissait bien aussi M. Germain, qui a toujours eu beaucoup de bontés pour nous — ajouta Louise. — Puis, désignant Alfred et Anastasie, elle reprit : — Monsieur et Madame sont les portiers de notre maison... ils avaient aussi bien des fois aidé notre famille dans son malheur, autant qu'ils le pouvaient.

— Je vous remercie, monsieur — dit le docteur à Alfred — de vous être dérangé pour venir ici ; mais, d'après ce qu'on me dit, je vois que cette visite ne doit pas vous coûter?

— Môssieur — dit M. Pipelet en s'inclinant gravement — l'homme doit s'entr'aider ici-bas... il est frère... sans compter que le père Morel était la crème des honnêtes gens... avant qu'il n'ait perdu la raison par suite de son arrestation et de celle de cette chère mademoiselle Louise.

— Et même — reprit Anastasie — et même que je regrette toujours que l'écuellée de soupe brûlante que j'ai jetée sur le dos des recors n'aurait pas été du plomb fondu... n'est-ce pas, vieux chéri, du pur plomb fondu?

— C'est vrai ; je dois rendre ce juste hommage à l'affection que mon épouse avait vouée aux Morel.

— Si vous ne craignez pas, madame — dit le docteur Herbin à la mère de Germain — la vue des aliénés, nous traverserons plusieurs cours pour nous rendre au bâtiment extérieur où j'ai jugé à propos de faire conduire Morel ; et j'ai donné l'ordre ce matin qu'on ne le menât pas à la ferme comme à l'ordinaire.

— A la ferme, monsieur? — dit madame Georges — il y a une ferme ici?

— Cela vous surprend, madame? je le conçois. Oui, nous avons ici une ferme dont les produits sont d'une très-grande ressource pour la maison, et qui est mise en valeur par des aliénés (1).

— Ils y travaillent? en liberté, monsieur?

— Sans doute, et le travail, le calme des champs, la vue de la nature, est un de nos meilleurs moyens curatifs... Un seul gardien les y conduit, et il n'y a presque jamais eu

(1) Cette ferme, admirable institution curative, est située à très-peu de distance de Bicêtre.

d'exemple d'évasion ; ils s'y rendent avec une satisfaction véritable... et le petit salaire qu'ils gagnent sert à améliorer leur sort... à leur procurer de petites douceurs. Mais nous voici arrivés à la porte d'une des cours... — Puis, voyant une légère nuance d'appréhension sur les traits de madame Georges, le docteur ajouta : — Ne craignez rien, madame... dans quelques minutes vous serez aussi rassurée que moi.

— Je vous suis, monsieur... Venez, mes enfants.

— Anastasie — dit tout bas M. Pipelet qui était resté en arrière avec sa femme — quand je songe que si l'infernale poursuite de Cabrion eût duré... ton Alfred devenait fou, et, comme tel, était relégué parmi ces malheureux que nous allons voir vêtus des costumes les plus baroques, enchaînés par le milieu du corps, ou enfermés dans des loges comme les bêtes féroces du Jardin des Plantes!

— Ne m'en parle pas, vieux chéri... On dit que les fous par amour sont comme de vrais singes dès qu'ils aperçoivent une femme... Ils se jettent aux barreaux de leurs cages en

poussant des roucoulements affreux... Il faut
que leurs gardiens les apaisent à grands coups
de fouet, et en leur lâchant sur la tête des
immenses robinets d'eau glacée qui tombent
de cent pieds de haut... et ça n'est pas de trop
pour les rafraîchir.

— Anastasie, ne vous approchez pas trop
des cages de ces insensés... — dit gravement
Alfred; — un malheur est si vite arrivé!

— Sans compter que ça ne serait pas généreux de ma part d'avoir l'air de les narguer;
car, après tout — ajouta Anastasie avec mélancolie — c'est nos attraits qui rendent les
hommes comme ça. Tiens, je frémis, mon
Alfred, quand je pense que si je t'avais refusé
ton bonheur, tu serais probablement, à
l'heure qu'il est, fou d'amour comme un de
ces enragés... que tu serais à te cramponner
aux barreaux de ta cage aussitôt que tu ver-
rais une femme, et à rugir après, pauvre
vieux chéri... toi qui, au contraire, t'ensauves
dès qu'elles t'agacent.

— Ma pudeur est ombrageuse, c'est vrai,
et je ne m'en suis pas mal trouvé; mais,
Anastasie, la porte s'ouvre, je frissonne...

Nous allons voir d'abominables figures, entendre des bruits de chaînes et des grincements de dents...

M. et madame Pipelet, n'ayant pas, ainsi qu'on le voit, entendu la conversation du docteur Herbin, partageaient les préjugés populaires qui existent encore à l'endroit des hospices d'aliénés, préjugés qui, du reste, il y a quarante ans, étaient d'effroyables réalités.

La porte de la cour s'ouvrit.

Cette cour, formant un long parallélogramme, était plantée d'arbres, garnie de bancs; de chaque côté régnait une galerie d'une élégante construction; des cellules largement aérées avaient accès sur cette galerie; une cinquantaine d'hommes, uniformément vêtus de gris, se promenaient, causaient, ou restaient silencieux et contemplatifs, assis au soleil.

Rien ne contrastait davantage avec l'idée qu'on se fait ordinairement des excentricités de costume et de la singularité physiognomonique des aliénés; il fallait même une longue habitude d'observation pour découvrir sur beaucoup de ces visages les indices certains de la folie.

A l'arrivée du docteur Herbin, un grand nombre d'aliénés se pressèrent autour de lui, joyeux et empressés, en lui tendant leurs mains avec une touchante expression de confiance et de gratitude, à laquelle il répondit cordialement en leur disant :

— Bonjour, bonjour, mes enfants.

Quelques-uns de ces malheureux, trop éloignés du docteur pour lui prendre la main, vinrent l'offrir avec une sorte d'hésitation craintive aux personnes qui l'accompagnaient.

— Boujour, mes amis — leur dit Germain en leur serrant la main avec une bonté qui semblait les ravir.

— Monsieur — dit madame Georges au docteur — est-ce que ce sont des fous?

— Ce sont à peu près les plus dangereux de la maison — dit le docteur en souriant. — On les laisse ensemble le jour; seulement, la nuit, on les renferme dans ces cellules dont vous voyez les portes ouvertes...

— Comment... ces gens sont complétement fous?... Mais quand sont-ils donc furieux?...

— D'abord... dès le début de leur maladie, quand on les amène ici ; puis peu à peu le traitement agit, la vue de leurs compagnons les calme, les distrait... la douceur les apaise, et leurs crises violentes, d'abord fréquentes, deviennent de plus en plus rares... Tenez, en voici un des plus méchants.

C'était un homme robuste et nerveux, de quarante ans environ, aux longs cheveux noirs, au grand front, au teint bilieux, au regard profond, à la physionomie des plus intelligentes. Il s'approcha gravement du docteur, et lui dit d'un ton d'exquise politesse, quoique se contraignant un peu :

— Monsieur le docteur, je dois avoir à mon tour le droit d'entretenir et de promener l'aveugle ; j'aurai l'honneur de vous faire observer qu'il y a une injustice flagrante à priver ce malheureux de ma conversation pour le livrer... (et le fou sourit avec une dédaigneuse amertume) aux stupides divagations d'un idiot complétement étranger, je crois ne rien hasarder, complétement étranger aux moindres notions d'une science quelconque, tandis que ma conversation distrairait l'aveugle. Ainsi — ajouta-t-il avec une extrême volubilité — je lui aurais dit mon avis sur les surfaces isothermes et orthogonales, lui faisant remarquer que les équations aux différences partielles, dont l'interprétation géométrique se résume en deux faces orthogonales, ne peuvent être intégrées généralement à cause de leur complication... Je lui aurais prouvé que les surfaces conjuguées sont nécessairement toutes isothermes, et nous aurions cherché ensemble quelles sont les surfaces capables de composer un système triplement isotherme... Si je ne me fais pas illusion, monsieur... comparez cette récréation aux stupidités dont on entretient l'aveugle — ajouta l'aliéné en reprenant haleine — et dites-moi si ce n'est pas un meurtre de le priver de mon entretien?

— Ne prenez pas ce qu'il vient de dire, madame, pour les élucubrations d'un fou — dit tout bas le docteur — il aborde ainsi parfois les plus hautes questions de géométrie ou d'astronomie avec une sagacité qui ferait honneur aux savants les plus illustres... Son savoir est immense. Il parle toutes les langues vivantes, mais il est, hélas! martyr du désir et de l'orgueil du savoir; il se figure qu'il a absorbé toutes les connaissances humaines en lui seul, et qu'en le retenant ici on replonge l'humanité dans les ténèbres de la plus profonde ignorance.

Le docteur reprit tout haut à l'aliéné, qui semblait attendre sa réponse avec une respectueuse anxiété:

— Mon cher monsieur Charles, votre réclamation me semble de toute justice, et ce pauvre aveugle qui, je crois, est muet, mais heureusement n'est pas sourd, goûterait un charme infini à la conversation d'un homme aussi érudit que vous... Je vais m'occuper de vous faire rendre justice.

— Du reste... vous persistez toujours, en me retenant ici, à priver l'univers de toutes les connaissances humaines que je me suis appropriées en me les assimilant—dit le fou en s'animant peu à peu et en commençant à gesticuler avec une extrême agitation.

— Allons, allons, calmez-vous, mon bon monsieur Charles; heureusement l'univers ne s'est pas encore aperçu de ce qui lui manquait; dès qu'il réclamera, nous nous empresserons de satisfaire à sa réclamation ; en tout état de cause, un homme de votre capacité, de votre savoir, peut toujours rendre de grands services...

— Mais je suis pour la science ce qu'était l'arche de Noé pour la nature physique — s'écria-t-il en grinçant des dents et l'œil égaré.

— Je le sais, mon cher ami...

— Vous voulez mettre la lumière sous le boisseau ! — s'écria-t-il en fermant les poings.

— Mais alors je vous briserais comme verre — ajouta-t-il d'un air menaçant, le visage empourpré de colère et les veines gonflées à se rompre.

— Ah ! monsieur Charles — répondit le docteur en attachant sur l'insensé un regard calme, fixe, perçant, et donnant à sa voix un accent caressant et flatteur — je croyais que vous étiez le plus grand savant des temps modernes...

— Et passés...— s'écria le fou oubliant tout à coup sa colère pour son orgueil.

— Vous ne me laissez pas achever... que

vous étiez le plus grand savant des temps passés... présents...

— Et futurs... — ajouta le fou avec fierté.

— Oh! le vilain bavard qui m'interrompt toujours — dit le docteur en souriant et en lui frappant amicalement sur l'épaule. — Ne dirait-on pas que j'ignore toute l'admiration que vous inspirez et que vous méritez!... Voyons, allons voir l'aveugle... conduisez-moi près de lui.

— Docteur, vous êtes un brave homme; venez, venez, vous allez voir ce qu'on l'oblige d'écouter, quand je pourrais lui dire de si belles choses — reprit le fou complétement calmé en marchant devant le docteur d'un air satisfait.

—Je vous l'avoue, monsieur— dit Germain qui s'était rapproché de sa mère et de sa femme, dont il avait remarqué l'effroi lorsque le fou avait parlé et gesticulé violemment — un moment j'ai craint une crise.

— Eh! mon Dieu! monsieur, autrefois, au premier mot d'exaltation, au premier geste de menace de ce malheureux, les gardiens se fussent jetés sur lui; on l'eût garrotté, battu, inondé de douches, une des plus atroces tortures que l'on puisse rêver... Jugez de l'effet d'un tel traitement sur une organisation énergique et irritable, dont la force d'expansion est d'autant plus violente qu'elle est plus comprimée. Alors il serait tombé dans un de ces accès de rage effroyables qui défiaient les étreintes les plus puissantes... s'exaspéraient par leur fréquence, et devenaient presque incurables; tandis que, vous le voyez, en ne comprimant pas d'abord cette effervescence momentanée, ou en la détournant à l'aide de l'excessive mobilité d'esprit que l'on remarque chez beaucoup d'insensés, ces bouillonnements éphémères s'apaisent aussi vite qu'ils s'élèvent.

— Et quel est donc cet aveugle dont il parle, monsieur? est-ce une illusion de son esprit? — demanda madame Georges.

— Non, madame, c'est une histoire fort étrange — répondit le docteur. — Cet aveugle a été pris dans un repaire des Champs-Élysées, où l'on a arrêté une bande de voleurs et d'assassins; on a trouvé cet homme enchaîné au milieu d'un caveau souterrain, à côté du cadavre d'une femme si horriblement mutilée qu'on n'a pu la reconnaître...

— Ah! c'est affreux...— dit madame Georges en frissonnant (1)...

— Cet homme est d'une épouvantable laideur, toute sa figure est corrodée par le vitriol. Depuis son arrivée ici, il n'a pas prononcé une parole. Je ne sais s'il est réellement muet, ou s'il affecte le mutisme... Par un singulier hasard, les seules crises qu'il ait eues se sont passées pendant mon absence, et toujours la nuit. Malheureusement toutes les demandes qu'on lui adresse restent sans réponse, et il est impossible d'avoir aucun renseignement sur sa position; ses accès semblent causés par une fureur dont la cause est impénétrable, car il ne prononce pas une parole. Les autres aliénés ont pour lui beaucoup d'attentions, ils guident sa marche et ils se plaisent à l'entretenir, hélas! selon le degré de leur intelligence... Tenez... le voici...

(1) Rodolphe avait toujours laissé ignorer à madame Georges le sort du Maître d'école depuis que celui-ci s'était évadé du bagne de Rochefort.

Toutes les personnes qui accompagnaient le médecin reculèrent d'horreur à la vue du Maître d'école, car c'était lui.

Il n'était pas fou, mais il contrefaisait le muet et l'insensé...

Il avait massacré la Chouette, non dans un accès de folie, mais dans un accès de fièvre chaude pareil à celui dont il avait déjà été frappé lors de sa terrible vision à la ferme de Bouqueval.

En suite de son arrestation à la taverne des Champs-Élysées, sortant de son délire passager, le Maître d'école s'était éveillé dans une des cellules du dépôt de la Conciergerie où l'on enferme provisoirement les insensés. Entendant dire autour de lui : — C'est un fou furieux — il résolut de continuer de jouer ce rôle, et s'imposa un mutisme complet afin de ne pas se compromettre par ses réponses, dans le cas où l'on douterait de son insanité prétendue.

Ce stratagème lui réussit. Conduit à Bicêtre, il simula de temps à autre de violents accès de fureur, ayant toujours soin de choisir la nuit pour ces manifestations, afin d'échapper à la pénétrante observation du médecin en chef, le chirurgien de garde, éveillé et appelé à la hâte, n'arrivant presque jamais qu'à l'issue ou à la fin de la crise...

Le très-petit nombre des complices du Maître d'école qui savaient son véritable nom et son évasion du bagne de Rochefort ignoraient ce qu'il était devenu, et n'avaient d'ailleurs aucun intérêt à le dénoncer; on ne pouvait ainsi constater son identité. Il espérait donc rester toujours à Bicêtre, en continuant son rôle de fou et de muet.

Oui, toujours... tel était alors l'unique vœu, le seul désir de cet homme, grâce à l'impuissance de nuire qui paralysait ses méchants instincts. Grâce à l'isolement profond où il avait vécu dans le caveau de Bras-Rouge, le remords, on le sait, s'était peu à peu emparé de cette âme de fer...

A force de concentrer son esprit dans une incessante méditation — le souvenir de ses crimes passées — privé de toute communication avec le monde extérieur, ses idées finissaient souvent par prendre un corps, par *s'imager* dans son cerveau, ainsi qu'il l'avait dit à la Chouette; alors lui apparaissaient quelquefois les traits de ses victimes; mais ce n'était pas là de la folie, c'était la puissance du souvenir porté à sa dernière expression.

Ainsi cet homme, encore dans la force de l'âge, d'une constitution athlétique, cet homme qui devait sans doute vivre encore de longues années, cet homme qui jouissait de toute la plénitude de sa raison, devait passer ces longues années parmi les fous, dans un mutisme complet... sinon, s'il était découvert, on le conduisait à l'échafaud pour ses nouveaux meurtres, ou on le condamnait à une réclusion perpétuelle parmi des scélérats pour lesquels il ressentait une horreur qui s'augmentait en raison de son repentir.

Le Maître d'école était assis sur un banc; une forêt de cheveux grisonnants couvraient sa tête hideuse et énorme; accoudé sur un de ses genoux, il appuyait son menton dans sa main. Quoique ce masque affreux fût privé de regard, que deux trous remplaçassent son nez, que sa bouche fût difforme, un désespoir écrasant, incurable, se manifestait encore sur ce visage monstrueux.

Un aliéné d'une figure triste, bienveillante et juvénile, agenouillé devant le Maître d'école, tenait sa robuste main entre les siennes, le regardait avec bonté, et d'une voix douce répétait incessamment ces seuls mots : *Des fraises... des fraises... des fraises...*

— Voilà pourtant — dit gravement le fou savant — la seule conversation que cet idiot sache tenir à l'aveugle... Si chez lui les yeux du corps sont fermés, ceux de l'esprit sont sans doute ouverts... et il me saura gré de me mettre en communication avec lui.

— Je n'en doute pas — dit le docteur pendant que le pauvre insensé à figure mélancolique contemplait l'abominable figure du Maître d'école avec compassion et répétait de sa voix douce : — Des fraises... des fraises... des fraises...

— Depuis son entrée ici, ce pauvre fou n'a pas prononcé d'autres paroles que celles-là — dit le docteur à madame Georges qui regardait le Maître d'école avec horreur; — quel événement mystérieux se rattache à ces mots, les seuls qu'il dise... c'est ce que je n'ai pu pénétrer...

— Mon Dieu, ma mère — dit Germain à madame Georges, combien ce malheureux aveugle paraît accablé...

— C'est vrai, mon enfant — répondit madame Georges — malgré moi mon cœur se serre... sa vue me fait mal... Oh! qu'il est triste de voir l'humanité sous ce sinistre aspect!

A peine madame Georges eut-elle prononcé ces mots, que le Maître d'école tressaillit, son visage couturé devint pâle sous ses cicatrices, il leva et tourna si vivement la tête du côté de la mère de Germain, que celle-ci ne put retenir un cri d'effroi, quoiqu'elle ignorât quel était ce misérable.

Le Maître d'école avait reconnu la voix de sa femme... et les paroles de madame Georges lui disaient qu'elle parlait à son fils.

— Qu'avez-vous, ma mère?.. — s'écria Germain.

— Rien, mon enfant... mais le mouvement de cet homme... l'expression de sa figure... tout cela... m'a effrayée... Tenez, monsieur, pardonnez à ma faiblesse — ajouta-t-elle en s'adressant au docteur — je regrette presque d'avoir cédé à ma curiosité en accompagnant mon fils.

— Oh! pour une fois... ma mère... il n'y a rien à regretter...

— Bien certainement que notre bonne mère ne reviendra plus jamais ici, ni nous non plus, n'est-ce pas, mon petit Germain? — dit Rigolette; — c'est si triste... ça navre le cœur.

— Allons, vous êtes une petite peureuse... N'est-ce pas, monsieur le docteur — dit Germain en souriant — n'est-ce pas que ma femme est une peureuse?

— J'avoue — répondit le médecin — que la vue de ce malheureux aveugle et muet m'a impressionné... moi qui ai vu bien des misères.

— Quelle frimousse... hein! vieux chéri? — dit tout bas Anastasie... — Eh bien! auprès de toi... tous les hommes me paraissent aussi laids que cet affreux bonhomme... C'est pour ça que personne ne peut se vanter de... tu comprends, mon Alfred?..

— Anastasie, je rêverai de cette figure-là... c'est sûr... j'en aurai le cauchemar...

— Mon ami — dit le docteur au Maître d'école — comment vous trouvez-vous?..

Le Maître d'école resta muet.

— Vous ne m'entendez donc pas? — reprit le docteur en lui frappant légèrement sur l'épaule.

Le Maître d'école ne répondit rien, il baissa la tête; au bout de quelques instants... de ses yeux sans regards il tomba une larme...

— Il pleure... — dit le docteur.

— Pauvre homme! — ajouta Germain avec compassion.

Le Maître d'école frissonna; il entendait de nouveau la voix de son fils... Son fils éprouvait pour lui un sentiment de compassion.

— Qu'avez-vous? Quel chagrin vous afflige? — demanda le docteur?

Le Maître d'école, sans répondre, cacha son visage dans ses mains.

— Nous n'en obtiendrons rien — dit le docteur.

— Laissez-moi faire, je vais le consoler — reprit le fou savant d'un air grave et prétentieux. — Je vais lui démontrer que tous les genres de surfaces orthogonales dans lesquel-

les les trois systèmes sont isothermes, sont : 1° ceux des surfaces du second ordre ; 2° ceux des ellipsoïdes de révolution autour du petit axe et du grand axe ; 3° ceux... Mais, au fait, non — reprit le fou en se ravisant et réfléchissant — je l'entretiendrai du système planétaire. — Puis s'adressant au jeune aliéné toujours agenouillé devant le Maître d'école :
— Ote-toi de là... avec tes fraises...

— Mon garçon — dit le docteur au jeune fou — il faut que chacun de vous conduise et entretienne à son tour ce pauvre homme... Laissez votre camarade prendre votre place...

Le jeune aliéné obéit aussitôt, se leva, regarda timidement le docteur de ses deux grands yeux bleus, lui témoigna sa déférence par un salut, fit un signe d'adieu au Maître d'école, et s'éloigna en répétant d'une voix plaintive : — Des fraises... des fraises...

Le docteur s'apercevant de la pénible impression que cette scène causait à madame Georges, lui dit :

— Heureusement, madame, nous allons trouver Morel, et, si mon espérance se réalise, votre âme s'épanouira en voyant cet excellent homme rendu à la tendresse de sa digne femme et de sa digne fille.

Et le médecin s'éloigna suivi des personnes qui l'accompagnaient.

Le Maître d'école resta seul avec le fou de science, qui commença de lui expliquer d'ailleurs très-savamment, très-éloquemment la marche imposante des astres, qui décrivent silencieusement leur courbe immense dans le ciel, dont l'état normal est la nuit...

Mais le Maître d'école n'écoutait pas...

Il songeait avec un profond désespoir qu'il n'entendrait plus jamais la voix de son fils et de sa femme... Certain de la juste horreur qu'il leur inspirait, du malheur, de la honte, de l'épouvante où les aurait plongés la révélation de son nom, il eût plutôt enduré mille morts que de se découvrir à eux... Une seule, une dernière consolation lui restait, un moment il avait inspiré quelque pitié à son fils.

Et malgré lui il se rappelait ces mots que Rodolphe lui avait dits avant de lui infliger un châtiment terrible :

« Chacune de tes paroles est un blasphème,

chacune de tes paroles sera une prière ; tu es audacieux et cruel parce que tu es fort, tu seras doux et humble parce que tu seras faible. Ton cœur est fermé au repentir... un jour tu pleureras tes victimes... D'homme tu t'es fait bête féroce... un jour ton intelligence se relèvera par l'expiation. Tu n'as pas même respecté ce que respectent les bêtes sauvages, leur femelle et leurs petits... après une longue vie consacrée à la rédemption de tes crimes, ta dernière prière sera pour supplier Dieu de t'accorder le bonheur inespéré de mourir entre ta femme et ton fils... »

. . . .

— Nous allons passer devant la cour des idiots et nous arrivons au bâtiment où se trouve Morel — dit le docteur en sortant de la cour où était le Maître d'école.

CHAPITRE XV.

MOREL, LE LAPIDAIRE.

Malgré la tristesse que lui avait inspirée la vue des aliénés, madame Georges ne put s'empêcher de s'arrêter un moment en passant devant une cour grillée où étaient enfermés les idiots incurables.

Pauvres êtres, qui souvent n'ont pas même l'instinct de la bête, et dont on ignore presque toujours l'origine; inconnus de tous et d'eux-mêmes... ils traversent ainsi la vie, absolument étrangers aux sentiments, à la pensée, éprouvant seulement les besoins animaux les plus limités...

Le hideux accouplement de la misère et de la débauche, au plus profond des bouges les plus infects, cause ordinairement cet effroyable abâtardissement de l'espèce... qui atteint en général les classes pauvres.

Si généralement la folie ne se révèle pas tout d'abord à l'observateur superficiel par la seule inspection de la physionomie de l'aliéné, il n'est que trop facile de reconnaître les caractères physiques de l'idiotisme.

Le docteur Herbin n'eut pas besoin de faire remarquer à madame Georges l'expression d'abrutissement sauvage, d'insensibilité stupide ou d'ébahissement imbécile qui donnait aux traits de ces malheureux une expression à la fois hideuse et pénible à voir. Presque tous étaient vêtus de longues souquenilles sordides en lambeaux : car, malgré toute la surveillance possible, on ne peut empêcher ces êtres, absolument privés d'instinct et de raison, de lacérer, de souiller leurs vêtements en rampant, en se roulant comme des bêtes dans la fange des cours (1) où ils restent pendant le jour.

(1) Disons à ce propos qu'il est impossible de voir sans une profonde admiration pour les intelligences charitables qui ont combiné ces recherches de propreté hygiénique, de voir,

Les uns, accroupis dans les coins les plus obscurs d'un hangar qui les abritait, pelotonnés, ramassés sur eux-mêmes comme des animaux dans leurs tanières, faisaient entendre une sorte de râlement sourd et continuel.

D'autres, adossés au mur, debout, immobiles, muets, regardaient fixement le soleil.

Un vieillard d'une obésité difforme, assis sur une chaise de bois, dévorait sa pitance avec une voracité animale, en jetant de côté et d'autre des regards obliques et courroucés.

Ceux-ci marchaient circulairement et en

disons-nous, les dortoirs et les lits consacrés aux idiots. Quand on pense qu'autrefois ces malheureux croupissaient dans une paille infecte, et qu'à cette heure ils ont des lits excellents, maintenus dans un état de salubrité parfaite par des moyens vraiment merveilleux, on ne peut, encore une fois, que glorifier ceux qui se sont voués à l'adoucissement de telles misères. Là nulle reconnaissance à attendre, pas même la gratitude de l'animal pour son maître. C'est donc le bien seulement fait pour le bien au saint nom de l'humanité ; et cela n'en est que plus digne, que plus grand. On ne saurait donc trop louer MM. les administrateurs et médecins de Bicêtre, dignement soutenus d'ailleurs par la haute et juste autorité du célèbre docteur Ferrus, chargé de l'inspection générale des hospices d'aliénés, et auquel on doit l'excellente *loi sur les aliénés*, loi basée sur ses savantes et profondes observations.

hâte dans un tout petit espace qu'ils se limitaient ; cet étrange exercice durait des heures entières sans interruption.

Ceux-là, assis par terre, se balançaient incessamment en jetant alternativement le haut de leur corps en avant et en arrière, n'interrompant ce mouvement d'une monotonie vertigineuse que pour rire aux éclats, de ce rire strident, guttural de l'idiotisme.

D'autres enfin, dans un complet anéantissement, n'ouvraient les yeux qu'aux heures du repas, et restaient inertes, inanimés, sourds, muets, aveugles, sans qu'un cri, sans qu'un geste annonçât leur vitalité...

L'absence complète de communication verbale ou intelligente est un des caractères les plus sinistres d'une réunion d'idiots ; au moins, malgré l'incohérence de leurs paroles et de leur pensée, les fous se parlent, se reconnaissent, se recherchent ; mais entre les idiots il règne une indifférence stupide, un isolement farouche... Jamais on ne les entend prononcer une parole articulée ; ce sont de temps à autre quelques rires sauvages ou des gémissements et des cris qui n'ont rien d'humain... à peine un très petit nombre d'entre eux reconnaissent-ils leurs gardiens.... Et pourtant, répétons-le avec admiration, par respect pour la créature, ces infortunés qui semblent ne plus appartenir à notre espèce, et pas même à l'espèce animale, par le complet anéantissement de leurs facultés intellectuelles; ces êtres incurablement frappés qui tiennent plus du mollusque que de l'être animé, et qui souvent traversent ainsi tous les âges d'une longue carrière, sont entourés de soins recherchés et d'un bien-être dont ils n'ont pas même la conscience...

Sans doute, il est beau de respecter ainsi le principe de la dignité humaine jusque dans ces malheureux qui de l'homme n'ont plus que l'enveloppe... mais, répétons-le toujours, on devrait songer aussi à la dignité de ceux qui, doués de toute leur intelligence, remplis de zèle, d'activité, sont la force vive de la nation; leur donner conscience de cette dignité en l'encourageant, en la récompensant lorsqu'elle s'est manifestée par l'amour du travail, par la résignation, par la probité; ne pas dire enfin, avec un égoïsme semi-orthodoxe : — **Punissons ici-bas, Dieu récompensera là-haut.**

. . . .

— Pauvres gens! — dit madames Georges en suivant le docteur, après avoir jeté un dernier regard dans la cour des idiots — qu'il est triste de songer qu'il n'y a aucun remède à leurs maux!

— Hélas! aucun, madame — répondit le docteur — surtout arrivés à cet âge; car maintenant, grâce aux progrès de la science, les enfants idiots reçoivent une sorte d'éducation qui développe au moins l'atome d'intelligence incomplète dont ils sont quelquefois doués. Nous avons ici une école (1) dirigée avec autant de persévérance que de patience éclairée qui offre déjà des résultats on ne peut plus satisfaisants; par des moyens très-ingénieux et exclusivement appropriés à leur état, on exerce à la fois le physique et le moral de ces pauvres enfants, et beaucoup parviennent à connaître les lettres, les chiffres, à se rendre compte des couleurs; on est même arrivé à leur apprendre à chanter en chœur, et je vous assure, madame, qu'il y a une sorte

(1) Cette école est encore une des institutions les plus curieuses et les plus intéressantes.

de charme étrange, à la fois triste et touchant, à entendre ces voix étonnées, plaintives, quelquefois douloureuses, s'élever vers le ciel dans un cantique dont presque tous les mots, quoique français, leur sont inconnus... Mais nous voici arrivés au bâtiment où se trouve Morel... J'ai recommandé qu'on le laissât seul ce matin, afin que l'effet que j'espère produire sur lui eût une plus grande action.

— Et quelle est donc sa folie, monsieur? — dit tout bas madame Georges au docteur, afin de n'être pas entendue de Louise.

— Il s'imagine que s'il n'a pas gagné treize cents francs dans sa journée pour payer une dette contractée envers un notaire nommé Ferrand, Louise doit mourir sur l'échafaud pour crime d'infanticide.

— Ah! monsieur, ce notaire... était un monstre! — s'écria madame Georges, instruite de la haine de cet homme contre Germain — Louise Morel... son père... ne sont pas ses seules victimes... il a poursuivi mon fils avec un impitoyable acharnement.

— Louise Morel m'a tout dit, madame — répondit le docteur; — Dieu merci, ce misérable a cessé de vivre... Mais veuillez m'attendre un moment avec ces braves gens... je vais voir comment se trouve Morel. — Puis, s'adressant à la fille du lapidaire : — Je vous en prie, Louise, soyez bien attentive : au moment où je crierai : *venez!* paraissez aussitôt, mais seule... Quand je dirai une seconde fois *venez*..... les autres personnes entreront avec vous...

— Ah! monsieur, le cœur me manque — dit Louise en essuyant ses larmes ; — pauvre père... si cette épreuve était inutile!...

— J'espère qu'elle le sauvera. Depuis longtemps je la ménage... allons, rassurez-vous, et songez à mes recommandations...

Et le docteur, quittant les personnes qui l'accompagnaient, entra dans une chambre dont les fenêtres grillées ouvraient sur un jardin.

Grâce au repos, à un régime salubre, aux soins dont on l'entourait, les traits de Morel le lapidaire n'étaient plus pâles, hâves et creusés par une maigreur maladive; son visage plein, légèrement coloré, annonçait le retour de la santé; mais un sourire mélancolique, une certaine fixité qui souvent encore immobilisait son regard, annonçaient que sa raison n'était pas encore complétement rétablie.

Lorsque le docteur entra, Morel, assis et courbé devant une table, simulait l'exercice de son métier de lapidaire en disant :

— Treize cents francs... treize cents francs... ou sinon Louise sur l'échafaud... treize cents francs... travaillons... travaillons... travaillons...

Cette aberration, dont les accès étaient d'ailleurs de moins en moins fréquents, avait toujours été le symptôme primordial de sa folie. Le médecin, d'abord contrarié de trouver Morel en ce moment sous l'influence de sa monomanie, espéra bientôt faire servir cette circonstance à son projet ; il prit dans sa poche une bourse contenant soixante-cinq louis qu'il y avait placés d'avance, versa cet or dans sa main, et dit brusquement à Morel qui, profondément absorbé par son simulacre de travail, ne s'était pas aperçu de l'arrivée du docteur :

— Mon brave Morel... assez travaillé... vous avez enfin gagné les treize cents francs qu'il vous faut pour sauver Louise... les voilà...

Et le docteur jeta sur la table la poignée d'or.

— Louise est sauvée!... — s'écria le lapidaire en ramassant l'or avec avidité.—Je cours chez le notaire ; et se levant précipitamment, il courut vers la porte.

Venez... — cria le docteur avec une vive angoisse, car la guérison instantanée du lapidaire pouvait dépendre de cette première impression.

A peine eut-il dit *venez*, que Louise parut à la porte au moment même où son père s'y présentait.

Morel stupéfait recula deux pas en arrière et laissa tomber l'or qu'il tenait...

Pendant quelques minutes il contempla Louise dans un ébahissement profond, ne la reconnaissant pas encore... Il semblait pourtant tâcher de rappeler ses souvenirs; puis, se rapprochant d'elle peu à peu, il la regarda avec une curiosité inquiète et craintive...

Louise, tremblante d'émotion, contenait difficilement ses larmes, pendant que le docteur, lui recommandant par un geste de rester muette, épiait, attentif et silencieux, les moindres mouvements de la physionomie du lapidaire.

Celui-ci, toujours penché vers sa fille, commença de pâlir; il passa ses deux mains sur son front inondé de sueur; puis, faisant un nouveau pas vers elle, il voulut lui parler; mais la voix expira sur ses lèvres, sa pâleur augmenta, et il regarda autour de lui avec surprise, comme s'il sortait peu à peu d'un songe.

— Bien... bien... — dit tout bas le docteur à Louise — c'est bon signe... quand je dirai *venez,* jetez-vous dans ses bras en l'appelant votre père.

Le lapidaire porta les mains sur sa poitrine en se regardant, si cela se peut dire, des pieds à la tête, comme pour se bien convaincre de son identité. Ses traits exprimaient une incertitude douloureuse; au lieu d'attacher ses yeux sur sa fille, il semblait vouloir se dérober à sa vue. Alors il se dit à voix basse d'une voix entrecoupée :

—Non !... non !... un songe... où suis-je ?...

impossible!... un songe... ce n'est pas elle... — Puis, voyant les pièces d'or éparses sur le plancher : — Et cet or... je ne me rappelle pas... Je m'éveille donc?... la tête me tourne... je n'ose pas regarder... j'ai honte... ce n'est pas Louise...

— *Venez* — dit le docteur à voix haute.

— Mon père... reconnaissez-moi donc, je suis Louise... votre fille!... — s'écria-t-elle fondant en larmes et en se jetant dans les bras du lapidaire, au moment où entraient la femme de Morel, Rigolette, madame Georges, Germain et les Pipelet.

— Oh! mon Dieu — disait Morel que Louise accablait de caresses — où suis-je?... que me veut-on ?... que s'est-il passé?... je ne peux pas croire... — Puis, après quelques instants de silence, il prit brusquement entre ses deux mains la tête de Louise, la regarda fixement et s'écria, après quelques instants d'émotion croissante :

— Louise!...

Il est sauvé — dit le docteur.

— Mon mari... mon pauvre Morel... —

s'écria la femme du lapidaire en venant se joindre à Louise.

— Ma femme! — reprit Morel — ma femme et ma fille!

— Et moi aussi, monsieur Morel... — dit Rigolette — tous vos amis se sont donné rendez-vous ici.

— Tous vos amis!... vous voyez, monsieur Morel — ajouta Germain.

— Mademoiselle Rigolette!... M. Germain!... — dit le lapidaire en reconnaissant chaque personnage avec un nouvel étonnement.

— Et les vieux amis de la loge! donc... — dit Anastasie en s'approchant à son tour avec Alfred — les voilà, les Pipelet... les vieux Pipelet... amis à mort... et allllez donc... père Morel... voilà une bonne journée...

—M. Pipelet et sa femme!... tant de monde autour de moi!... il me semble qu'il y a si long-temps!... Et... mais... mais enfin... c'est toi, Louise... n'est-ce pas?...—s'écria-t-il avec entraînement en serrant sa fille dans ses bras. — C'est toi, Louise? bien sûr?...

— Mon pauvre père... oui... c'est moi...

c'est ma mère... ce sont tous vos amis... vous ne nous quitterez plus... vous n'aurez plus de chagrin... nous serons heureux maintenant, tous heureux...

Tous heureux... Mais... attendez-donc que je me souvienne... tous heureux... il me semble pourtant qu'on était venu te chercher pour te conduire en prison, Louise.

— Oui... mon père... mais j'en suis sortie... acquittée... vous le voyez... me voici... près de vous...

— Attendez encore... attendez... voilà la mémoire qui me revient... — Puis le lapidaire reprit avec effroi : — Et le notaire...?

— Mort... Il est mort, mon père... — murmura Louise.

— Mort!... lui!... alors... je vous crois... nous pouvons être heureux... Mais où suis-je?... comment suis-je ici... depuis combien de temps... et pourquoi?... je ne me rappelle pas bien...

— Vous avez été si malade, monsieur — lui dit le docteur — qu'on vous a transporté ici... à la campagne... vous avez eu une fièvre... très-violente... le délire...

— Oui... oui... je me souviens... de la dernière chose... avant ma maladie... j'étais à parler avec ma fille... et... qui donc... qui donc?... Ah!... un homme bien généreux, M. Rodolphe... il m'avait empêché d'être arrêté... Depuis... par exemple... je ne me souviens de rien...

— Votre maladie... s'était compliquée d'une absence de mémoire — dit le médecin. — La vue de votre fille, de votre femme, de vos amis vous l'a rendue...

— Et chez qui suis-je donc ici?

— Chez un ami... de M. Rodolphe — se hâta de dire Germain; — on avait songé que le changement d'air vous serait utile.

— A merveille — dit tout bas le docteur, et s'adressant à un surveillant il ajouta : — Envoyez le fiacre au bout de la ruelle du jardin, afin qu'il n'ait pas à traverser les cours et à sortir par la grande porte.

Ainsi que cela arrive quelquefois dans les cas de folie, Morel n'avait aucunement le souvenir et la conscience de l'aliénation dont il avait été atteint.

Quelques moments après, appuyé sur le bras de sa femme, de sa fille et accompagné d'un élève-chirurgien que, pour plus de prudence, le docteur avait commis à sa surveillance jusqu'à Paris, Morel montait en fiacre et quittait Bicêtre sans soupçonner qu'il y avait été enfermé comme fou.

. . . .

— Vous croyez ce pauvre homme complétement guéri? — disait madame Georges au docteur qui la reconduisait jusqu'à la grande porte de Bicêtre.

— Je le crois, madame, et j'ai voulu exprès le laisser sous l'heureuse influence de ce rapprochement avec sa famille; j'aurais craint de l'en séparer. Du reste, un de mes élèves ne le quittera pas et indiquera le régime à suivre. Tous les jours j'irai le visiter jusqu'à ce que sa guérison soit tout à fait consolidée; car non-seulement il m'intéresse beaucoup, mais il m'a encore été très-particulièrement recommandé, à son entrée à Bicêtre, par le chargé d'affaires du grand-duché de Gerolstein.

Germain et sa mère échangèrent un coup d'œil significatif.

— Je vous remercie, monsieur — dit madame Georges — de la bonté avec laquelle vous avez bien voulu me faire visiter ce bel établissement, et je me félicite d'avoir assisté à la scène touchante que votre savoir avait si habilement prévue et annoncée.

— Et moi, madame, je me félicite doublement de ce succès qui rend un si excellent homme à la tendresse de sa famille.

. . . .

Encore tout émus de ce qu'ils venaient de voir, madame Georges, Rigolette et Germain reprirent le chemin de Paris, ainsi que M. et madame Pipelet.

Au moment où le docteur Herbin rentrait dans les cours, il rencontra un employé supérieur de la maison qui lui dit :

— Ah! mon cher monsieur Herbin, vous ne sauriez vous imaginer à quelle scène je viens d'assister....... Pour un observateur comme vous, c'eût été une source inépuisable.

— Comment donc? quelle scène?

— Vous savez que nous avons ici deux femmes condamnées à mort... la mère et la fille... qui seront exécutées demain?

— Sans doute.

— Eh bien! de ma vie je n'ai vu une audace et un sang-froid pareil à celui de la mère... C'est une femme infernale.

— N'est-ce pas cette veuve Martial... qui a montré tant de cynisme dans les débats?

— Elle-même.

— Et qu'a-t-elle fait encore?

— Elle avait demandé à être enfermée dans le même cabanon que sa fille... jusqu'au moment de leur exécution... On avait accédé à sa demande. Sa fille, beaucoup moins endurcie qu'elle, paraît s'amollir à mesure que le moment fatal approche, tandis que l'assurance diabolique de la veuve augmente encore, s'il est possible... Tout à l'heure le vénérable aumônier de la prison est entré dans leur cachot pour leur offrir les consolations de la religion... La fille se préparait à les accepter, lorsque sa mère, sans perdre un moment son sang-froid glacial, l'a accablée, elle et l'aumônier, de si indignes sarcasmes, que ce vénérable prêtre a dû quitter le cachot après avoir en vain tenté de faire entendre quelques saintes paroles à cette femme indomptable.

— A la veille de monter sur l'échafaud !... une telle audace est vraiment effrayante...— dit le docteur.

— Du reste, on dirait une de ces familles poursuivies par la fatalité antique... Le père est mort sur l'échafaud... un autre fils est au bagne... un autre aussi, condamné à mort, s'est dernièrement évadé... Le fils aîné seul et deux jeunes enfants ont échappé à cette épouvantable contagion... Pourtant cette femme a fait demander à ce fils aîné... le seul honnête homme de cette exécrable race... de venir demain matin recevoir ses dernières volontés !...

— Quelle entrevue !..

— Vous n'êtes pas curieux d'y assister ?

— Franchement non... Vous connaissez mes principes au sujet de la peine de mort... et je n'ai pas besoin d'un si affreux spectacle pour m'affermir encore dans ma manière de voir...

Si cette horrible femme porte son caractère indomptable jusque sur l'échafaud, quel déplorable exemple pour le peuple!...

— Il y a encore quelque chose dans cette double exécution qui me paraît très-singulier, c'est le jour qu'on a choisi pour la faire.

— Comment?

— C'est aujourd'hui la mi-carême!

— Eh bien?

— Demain... l'exécution a lieu à sept heures... Or, des bandes de gens déguisés, qui auront passé cette nuit dans les bals de barrières... se croiseront nécessairement, en rentrant dans Paris, avec le funèbre cortége...

— Vous avez raison... ce sera un contraste hideux.

— Sans compter que de la place de l'exécution... *barrière Saint-Jacques*, on entendra au loin la musique des guinguettes environnantes, car, pour fêter le dernier jour du carnaval, on danse dans ces cabarets jusqu'à dix et onze heures du matin...

. . . .

Le lendemain... le soleil se leva radieux, éblouissant.

A quatre heures du matin, plusieurs piquets d'infanterie et de cavalerie vinrent entourer et garder les abords de Bicêtre.

Nous conduirons le lecteur dans le cabanon où se trouvaient réunies la veuve du supplicié et sa fille Calebasse.

CHAPITRE XVI.

LA TOILETTE.

A Bicêtre, un sombre corridor percé çà et là de quelques fenêtres grillées, sorte de soupiraux situés un peu au-dessus du sol d'une cour supérieure, conduisait au cachot des condamnés à mort...

Ce cachot ne prenait de jour que par un large guichet pratiqué à la partie supérieure de la porte, qui ouvrait sur le passage à peine éclairé dont nous avons parlé.

Dans ce cabanon au plafond écrasé, aux murs humides et verdâtres, au sol dallé de pierres froides comme les pierres du sépulcre, sont renfermées la femme Martial et sa fille Calebasse.

La figure anguleuse de la veuve du supplicié se détache, dure, impassible et blafarde comme un masque de marbre au milieu de la demi-obscurité qui règne dans le cachot.

Privée de l'usage de ses mains, car par-dessus sa robe noire elle porte la camisole de force, sorte de longue casaque de grosse toile grise lacée derrière le dos et dont les manches se terminent et se ferment en forme de sac, elle demande qu'on lui ôte son bonnet, se plaignant d'une vive chaleur à la tête... Ses cheveux gris tombent épars sur ses épaules. Assise au bord de son lit, ses pieds reposent sur la dalle, elle regarde fixement sa fille Calebasse, séparée d'elle par la largeur du cachot...

Celle-ci, à demi-couchée et vêtue aussi de la camisole de force, s'adosse au mur. Elle a la tête baissée sur sa poitrine, l'œil fixe, la respiration saccadée. Sauf un léger tremblement convulsif, qui de temps à autre agite sa mâchoire inférieure, ses traits paraissent assez calmes, malgré leur pâleur livide.

Dans l'intérieur et à l'extrémité du cachot, auprès de la porte, au-dessous du guichet ouvert, un vétéran décoré, à figure rude et basanée, au crâne chauve, aux longues moustaches grises, est assis sur une chaise. Il garde à vue les condamnées.

— Il fait un froid glacial ici!... et pourtant les yeux me brûlent... et puis j'ai soif... toujours soif... — dit Calebasse au bout de quelques instants. Puis, s'adressant au vétéran, elle ajouta : — De l'eau, s'il vous plaît, monsieur...

Le vieux soldat se leva, prit sur un escabeau un broc d'étain plein d'eau, en remplit un verre, s'approcha de Calebasse et la fit boire lentement, la camisole de force empêchant la condamnée de se servir de ses mains.

Après avoir bu avec avidité, elle dit :

— Merci, monsieur...

— Voulez-vous boire?... — demanda le soldat à la veuve.

Celle-ci répondit par un signe négatif.

Le vétéran alla se rasseoir.

Il se fit un nouveau silence.

— Quelle heure est-il, monsieur? — demanda Calebasse.

— Bientôt quatre heures et demie... — dit le soldat.

— Dans trois heures!... — reprit Calebasse avec un sourire sardonique et sinistre, faisant allusion au moment fixé pour son exécution — dans trois heures!...

Elle n'osa pas achever.

La veuve haussa les épaules... Sa fille comprit sa pensée, et reprit :

— Vous avez plus de courage que moi... ma mère.... Vous ne faiblissez jamais.... vous....

— Jamais!...

— Je le sais bien... je le vois bien... Votre figure est aussi tranquille que si vous étiez assise au coin du feu de notre cuisine... occupée à coudre...Ah! il est loin, ce bon temps-là!... il est loin!...

— Bavarde!...

— C'est vrai... au lieu de rester là à penser... sans rien dire... j'aime mieux parler... j'aime mieux...

— T'étourdir... poltronne !

— Quand cela serait, ma mère, tout le monde n'a pas votre courage, non plus... J'ai fait ce que j'ai pu pour vous imiter; je n'ai pas écouté le prêtre, parce que vous ne le vouliez pas. Ça n'empêche pas que j'ai peut-être eu tort... car enfin... — ajouta la condamnée en frissonnant — *après*.... qui sait?... et *après*.... c'est bientôt.... c'est.... dans....

— Dans trois heures...

— Comme vous dites cela froidement, ma mère!... Mon Dieu! mon Dieu! c'est pourtant vrai... dire que nous sommes là... toutes les deux... que nous ne sommes pas malades, que nous ne voudrions pas mourir... et que, pourtant, dans trois heures...

— Dans trois heures tu auras fini en vraie Martial... *Tu auras vu noir*... voilà tout... Hardi, ma fille!...

— Cela n'est pas beau de parler ainsi à votre fille — dit le vieux soldat d'une voix lente et grave; — vous auriez mieux fait de lui laisser écouter le prêtre...

La veuve haussa de nouveau les épaules avec un dédain farouche, et reprit en s'adressant à Calebasse sans seulement tourner la tête du côté du vétéran:

— Courage, ma fille... nous montrerons que des femmes ont plus de cœur que ces hommes.... avec leurs prêtres.... Les lâches !...

— Le commandant Leblond était le plus brave officier du 3ᵉ chasseurs à pied... Je l'ai vu, criblé de blessures à la brèche de Saragosse... mourir en faisant le signe de la croix... — dit le vétéran.

— Vous étiez donc son sacristain? — lui demanda la veuve en poussant un éclat de rire sauvage.

— J'étais son soldat... — répondit doucement le vétéran. — C'était seulement pour vous dire qu'on peut, au moment de mourir... prier sans être lâche...

Calebasse regarda attentivement cet homme au visage basané, type parfait et populaire du soldat de l'Empire ; une profonde cicatrice sillonnait sa joue gauche et se perdait dans sa large moustache grise. Les simples paroles de ce vétéran, dont les traits, les blessures et le ruban rouge semblaient annoncer la bravoure calme et éprouvée par les batailles, frappèrent profondément la fille de la veuve...

Elle avait refusé les consolations du prêtre encore plus par fausse honte et par crainte des sarcasmes de sa mère que par endurcissement. Dans sa pensée incertaine et mourante, elle opposa aux railleries sacriléges de la veuve l'assentiment du soldat. Forte de ce témoignage, elle crut pouvoir écouter sans lâcheté des instincts religieux auxquels des hommes intrépides avaient obéi.

— Au fait — reprit-elle avec angoisse — pourquoi n'ai-je pas voulu entendre le prêtre?.. Il n'y avait pas de faiblesse à cela... D'ailleurs ça m'aurait étourdie... etpuis... enfin... *après*... qui sait?...

— Encore! — dit la veuve d'un ton de mépris écrasant. — Le temps manque... c'est dommage... tu serais religieuse. L'arrivée de ton frère Martial achèvera ta conversion... Mais il ne viendra pas... l'honnête homme... le bon fils!...

Au moment où la veuve prononçait ces paroles, l'énorme serrure de la prison retentit bruyamment, et la porte s'ouvrit.

— Déjà!... — s'écria Calebasse en faisant bond convulsif. — Oh! mon Dieu... on a avancé l'heure! On nous trompait!

Et ses traits commençaient à se décomposer d'une manière effrayante.

— Tant mieux... si la montre du bourreau avance... tes béguineries ne me déshonoreront pas.

— Madame — dit un employé de la prison à la condamnée avec cette sorte de commisération doucereuse qui *sent la mort* — votre fils est là... voulez-vous le voir?

— Oui... — répondit la veuve sans tourner la tête.

— Entrez... monsieur... — dit l'employé.

Martial entra.

Le vétéran resta dans le cachot, dont on laissa, pour plus de précaution, la porte ouverte. A travers la pénombre du corridor à demi éclairé par le jour naissant et par un réverbère on voyait plusieurs soldats et gardiens, les uns assis sur un banc, les autres debout.

Martial était aussi livide que sa mère; ses traits exprimaient une angoisse, une horreur profonde, ses genoux tremblaient sous lui. Malgré les crimes de cette femme, malgré l'aversion qu'elle lui avait toujours témoignée, il s'était cru obligé d'obéir à sa dernière volonté.

Dès qu'il entra dans le cachot, la veuve jeta sur lui un regard perçant, et lui dit d'une voix sourdement courroucée et comme pour éveiller dans l'âme de son fils une haine profonde :

— Tu vois... ce qu'on va faire... de ta mère... de ta sœur!...

— Ah! ma mère... c'est affreux... mais je vous l'avais dit, hélas!... je vous l'avais dit!...

La veuve serra ses lèvres blanches avec colère ; son fils ne la comprenait pas; cependant elle reprit :

— On va nous tuer... comme on a tué ton père.

— Mon Dieu!.. mon Dieu!.. et je ne puis rien... c'est fini... Maintenant... que voulez-vous que je fasse?.. pourquoi ne pas m'avoir écouté... ni vous ni ma sœur?.. vous n'en seriez pas là...

— Ah!.. c'est ainsi... — reprit la veuve

avec son habituelle et farouche ironie — tu trouves cela bien?

— Ma mère!..

— Te voilà content... tu pourras dire, sans mentir, que ta mère est morte... tu ne rougiras plus d'elle.

— Si j'étais mauvais fils — répondit brusquement Martial, révolté de l'injuste dureté de sa mère — je ne serais pas ici.

— Tu viens... par curiosité...

— Je viens... pour vous obéir.

— Ah! si je t'avais écouté, Martial, au lieu d'écouter ma mère... je ne serais pas ici — s'écria Calebasse d'une voix déchirante et cédant enfin à ses angoisses, à ses terreurs, jusqu'alors contenues par l'influence de la veuve.

— C'est votre faute... soyez maudite, ma **mère!**

— Elle se repent... elle m'accuse... tu dois jouir, hein? — dit la veuve à son fils avec un éclat de rire diabolique.

Sans lui répondre, Martial se rapprocha de Calebasse, dont l'agonie commençait, et lui dit avec compassion:

— Pauvre sœur... il est trop tard... maintenant...

— Jamais... trop tard... pour être lâche!.. — dit la mère avec une fureur froide.— Oh! quelle race!.. quelle race!.. Heureusement Nicolas est évadé... Heureusement François et Amandine... t'échapperont... Ils ont déjà du vice... la misère les achèvera!..

— Ah! Martial!.. veille bien sur eux... ou ils finiront... comme nous deux ma mère... On leur coupera aussi la tête! — s'écria Calebasse en poussant de sourds gémissements.

— Il aura beau veiller sur eux — s'écria la veuve avec une exaltation féroce — le vice et la misère seront plus forts que lui... et un jour... ils vengeront père, mère et sœur...

— Votre horrible espérance sera trompée, ma mère — répondit Martial indigné. — Ni eux ni moi nous n'aurons jamais la misère à craindre... La Louve a sauvé la jeune fille que Nicolas voulait noyer... les parents de cette jeune fille nous ont proposé ou beaucoup d'argent, ou moins d'argent et des terres en Alger... à côté d'une ferme qu'ils ont déjà donnée à un homme qui leur a aussi rendu de grands services... Nous avons préféré les terres. Il y a un peu de danger... mais ça nous va... à la Louve et à moi... Demain nous partirons avec les enfants, et de notre vie nous ne reviendrons en Europe...

— Ce que tu dis là est vrai? — demanda la veuve à Martial d'un ton de surprise irritée.

— Je ne mens jamais.

— Tu mens aujourd'hui pour me mettre en colère.

— En colère... parce que le sort de ces enfants est assuré?

— Oui... de louveteaux on en fera des agneaux... Le sang de ton père, de ta sœur, le mien ne sera pas vengé...

— A ce moment... ne parlez pas ainsi.

— J'ai tué... on me tue... je suis quitte.

— Ma mère... le repentir...

La veuve poussa un nouvel éclat de rire.

— Je vis depuis trente ans dans le crime... et pour me repentir de trente ans... on me donne trois jours... avec la mort au bout... Est-ce que j'aurais le temps?... Non, non, quand ma tête tombera... elle grincera de rage et de haine.

— Mon frère... au secours... emmène-moi d'ici... ils vont venir... — murmura Calebasse d'une voix défaillante, car la misérable commençait à délirer.

— Veux-tu te taire... — dit la veuve exaspérée par la faiblesse de Calebasse; — veux-tu te taire!.. Oh! l'infâme... et c'est ma fille!!

— Ma mère! ma mère!.. — s'écria Martial déchiré par cette horrible scène — pourquoi m'avez-vous fait venir ici?..

— Parce que je croyais te donner du cœur et de la haine... mais qui n'a pas l'un... n'a pas l'autre... lâche...

— Ma mère!..

— Lâche... lâche... lâche!..

A ce moment il se fit un assez grand bruit de pas dans le corridor.

Le vétéran tira sa montre et regarda l'heure.

Le soleil se levant au dehors, éblouissant et radieux, jeta tout à coup une nappe de clarté dorée par le soupirail pratiqué dans le corridor en face de la porte du cachot...

Cette porte s'ouvrit, et l'entrée du cabanon se trouva vivement éclairée. Au milieu de cette zone lumineuse, des gardiens apportèrent deux chaises (1), puis le greffier vint dire à la veuve d'une voix émue :

— Madame... il est temps...

La condamnée se leva droite, impassible; Calebasse poussa des cris aigus.

Quatre hommes entrèrent...

Trois d'entre eux, assez mal vêtus, tenaient à la main de petits paquets de corde très-déliée, mais très-forte.

Le plus grand de ces quatre hommes, correctement habillé de noir, portant un chapeau rond et une cravate blanche, remit au greffier un papier.

Cet homme était le bourreau...

Ce papier était un reçu des deux femmes bonnes à guillotiner... Le bourreau prenait possession de ces deux créatures de Dieu; désormais il en répondait seul.

A l'effroi désespéré de Calebasse avait succédé une torpeur hébétée. Deux aides du bourreau furent obligés de l'asseoir sur son

(1) Ordinairement *la toilette* des condamnés a lieu dans l'avant-greffe ; mais quelques réparations indispensables obligeaient de faire dans le cachot les sinistres apprêts.

lit et de l'y soutenir... Ses mâchoires, serrées par une convulsion tétanique, lui permettaient à peine de prononcer quelques mots sans suite... Elle roulait autour d'elle des yeux déjà ternes et sans regards... son menton touchait à sa poitrine, et, sans l'appui des deux aides, son corps serait tombé en avant comme une masse inerte...

Martial, après avoir une dernière fois embrassé cette malheureuse, restait immobile, épouvanté, n'osant, ne pouvant faire un pas, et comme fasciné par cette terrible scène.

La froide audace de la veuve ne se démentait pas : la tête haute et droite, elle aidait elle-même à se dépouiller de la camisole de force qui emprisonnait ses mouvements. Cette toile tomba, elle se trouva vêtue d'une vieille robe de laine noire.

— Où faut-il me mettre? — demanda-t-elle d'une voix ferme.

— Ayez la bonté de vous asseoir sur une de ces chaises... — lui dit le bourreau en lui indiquant un des deux siéges placés à l'entrée du cachot.

La porte étant restée ouverte, on voyait dans

le corridor plusieurs gardiens, le directeur de la prison et quelques curieux privilégiés.

La veuve se dirigeait d'un pas hardi vers la place qu'on lui avait indiquée, lorsqu'elle passa devant sa fille...

Elle s'arrêta... s'approcha d'elle, et lui dit d'une voix légèrement émue :

— Ma fille... embrasse-moi...

A la voix de sa mère, Calebasse sortit de son apathie, se dressa sur son séant, et, avec un geste de malédiction, elle s'écria :

— S'il y a un enfer... descendez-y, maudite!...

— Ma fille!... embrasse-moi!... — dit encore la veuve en faisant un pas.

Ne m'approchez pas!... vous m'avez perdue!... — murmura la malheureuse en jetant ses mains en avant pour repousser sa mère.

— Pardonne-moi!...

— Non!... non!... — dit Calebasse d'une voix convulsive, et cet effort ayant épuisé ses forces, elle retomba presque sans connaissance entre les bras des aides.

Un nuage passa sur le front indomptable

de la veuve; un instant ses yeux secs et ardents devinrent humides. A ce moment, elle rencontra le regard de son fils...

Après un moment d'hésitation, et comme si elle eût cédé à l'effort d'une lutte intérieure, elle lui dit :

— Et toi?...

Martial se précipita en sanglotant dans les bras de sa mère.

— Assez !... — dit la veuve en surmontant son émotion et en se dégageant des étreintes de son fils — Monsieur attend... — ajouta-t-elle en montrant le bourreau.

Puis elle marcha rapidement vers la chaise, où elle s'assit résolument.

La lueur de sensibilité maternelle qui avait un moment éclairé les noires profondeurs de cette âme abominable s'éteignit tout à coup.

— Monsieur — dit le vétéran à Martial en s'approchant de lui avec intérêt — ne restez pas ici... Venez... venez...

Martial, égaré par l'horreur et par l'épouvante, suivit machinalement le soldat.

Deux aides avaient apporté sur la chaise Calebasse agonisante; l'un maintenait ce corps déjà presque privé de vie, pendant que l'autre homme, au moyen de cordes de fouet excessivement minces, mais très-longues, lui attachait les mains derrière le dos par des liens et des nœuds inextricables, et lui nouait aux chevilles une corde assez longue pour que la marche à petits pas fût possible.

Cette opération était à la fois étrange et horrible; on eût dit que les longues cordes minces qu'on distinguait à peine dans l'ombre, et dont ces hommes silencieux entouraient, garrottaient la condamnée avec autant de rapidité que de dextérité, sortaient de leurs mains comme les fils ténus dont les araignées enveloppent aussi leur victime avant de la dévorer.

Le bourreau et son autre aide enchevêtraient la veuve avec la même agilité, sans que les traits de cette femme offrissent la moindre altération. Seulement de temps à autre elle toussait légèrement.

Lorsque la condamnée fut ainsi mise dans l'impossibilité de faire un mouvement, le bourreau, tirant de sa poche une longue paire de ciseaux, lui dit avec politesse :

— Ayez la complaisance de baisser la tête, madame...

La veuve baissa la tête en disant :

— Nous sommes de bonnes pratiques; vous avez eu mon mari... maintenant voilà sa femme et sa fille...

Sans répondre, le bourreau ramassa dans sa main gauche les longs cheveux gris de la condamnée, et se mit à les couper très-ras... très-ras... surtout à la nuque.

— Ça fait que j'aurai été coiffée trois fois dans ma vie — dit la veuve avec un ricanement sinistre : — le jour de ma première communion, quand on m'a mis le voile; le jour de mon mariage, quand on m'a mis la fleur d'oranger... et puis aujourd'hui, n'est-ce pas... coiffeur de la mort !

Le bourreau resta muet.

Les cheveux de la condamnée étant épais et rudes, l'opération fut si longue, que la chevelure de Calebasse tombait entièrement sur les dalles alors que celle de sa mère n'était coupée qu'à demi.

— Vous ne savez pas à quoi je pense? —

dit la veuve au bourreau, après avoir de nouveau contemplé sa fille.

Le bourreau continua de garder le silence.

On n'entendait que le grincement sonore des ciseaux et que l'espèce de hoquet et de râle qui de temps à autre soulevait la poitrine de Calebasse.

À ce moment on vit dans le corridor un prêtre à figure vénérable s'approcher du directeur de la prison et causer à voix basse avec lui. Ce saint ministre venait tenter une dernière fois d'arracher l'âme de la veuve à l'endurcissement.

— Je pense — reprit la veuve au bout de quelques moments, et voyant que le bourreau ne lui répondait pas — je pense qu'à cinq ans... ma fille... à qui on va couper la tête... était le plus joli enfant qu'on puisse voir... Elle avait des cheveux blonds et des joues roses et blanches... Alors... qui est-ce qui lui aurait dit... que... — Puis, ensuite d'un nouveau silence, elle s'écria avec un éclat de rire et une expression impossible à rendre : — Quelle comédie que le sort !!!

A ce moment, les dernières mèches de la chevelure grise de la condamnée tombèrent sur ses épaules.

— C'est fini, madame — dit poliment le bourreau.

— Merci... je vous recommande mon fils Nicolas... — dit la veuve — vous le coifferez un de ces jours !...

Un gardien vint dire quelques mots tout bas à la condamnée.

— Non... je vous ai déjà dit que non... — répondit-elle brusquement.

Le prêtre entendit ces mots, leva les yeux au ciel, joignit les mains et disparut.

— Madame... nous allons partir... vous ne voulez rien prendre? — dit obséquieusement le bourreau.

— Merci... ce soir je prendrai une gorgée de terre...

Et la veuve, après ce nouveau sarcasme, se leva droite; ses mains étaient attachées derrière son dos, et un lien assez lâche pour qu'elle pût marcher la garrottait d'une cheville à l'autre. Quoique son pas fût ferme et résolu, le bourreau et un aide voulurent obligeamment la soutenir ; elle fit un geste d'impatience, et dit d'une voix impérieuse et dure :

— Ne me touchez pas... j'ai bon pied bon œil... Sur l'échafaud on verra si j'ai une bonne voix... et si je dis des paroles de repentance...

Et la veuve, accostée du bourreau et d'un aide, sortant du cachot, entra dans le corridor.

Les deux autres aides furent obligés de transporter Calebasse sur sa chaise ; elle était mourante.

Après avoir traversé le long corridor, le funèbre cortége monta un escalier de pierre qui conduisait à une cour extérieure.

Le soleil inondait de sa lumière chaude et dorée le faîte des hautes murailles blanches qui entouraient la cour et se découpaient sur un ciel d'un bleu splendide... l'air était doux et tiède... jamais journée de printemps ne fut plus riante, plus magnifique.

Dans cette cour on voyait un piquet de gendarmerie départementale, un fiacre et une voiture longue, étroite, à caisse jaune, attelée de trois chevaux de poste qui hennissaient gaiement en faisant tinter leurs grelots retentissants.

On montait dans cette voiture comme dans un omnibus, par une portière située à l'arrière. Cette ressemblance inspira une dernière raillerie à la veuve.

— Le conducteur ne dira pas... *complet!* — dit-elle; puis elle gravit le marchepied aussi lestement que lui permettaient ses entraves.

Calebasse, expirante et soutenue par un aide, fut placée dans la voiture en face de sa mère... puis on ferma la portière.

Le cocher du fiacre s'était endormi, le bourreau le secoua..

— Excusez, bourgeois — dit le cocher en se réveillant et en descendant pesamment de son siége; — mais une nuit de Mi-Carême, c'est rude... Je venais justement de conduire aux Vendanges de Bourgogne une tapée de débardeurs et de débardeuses qui chantaient la mère Godichon... Quand vous m'avez pris à l'heure....

Allons, c'est bon... Suivez cette voiture... et... *boulevard Saint-Jacques.*

— Excusez, bourgeois... il y a une heure aux Vendanges... maintenant à la guillotine!... Ça prouve que les courses se suivent et ne se ressemblent pas... comme dit c't'autre !

Les deux voitures, précédées et suivies du piquet de gendarmerie, sortirent de la porte extérieure de Bicêtre, et prirent au grand trot la route de Paris.

. . . .

CHAPITRE XVII.

MARTIAL ET LE CHOURINEUR.

Nous avons présenté le tableau de *la toilette* des condamnés dans toute son effroyable vérité, parce qu'il nous semble qu'il ressort de cette peinture de puissants arguments :

Contre la peine de mort ;

Contre la manière dont cette peine est appliquée ;

Contre l'effet qu'on en attend comme exemple donné aux populations.

Quoique dépouillée de cet appareil à la fois formidable et religieux dont devraient être au moins entourés tous les actes du suprême châtiment que la loi inflige au nom de la vindicte publique, *la toilette* est ce qu'il y a de plus terrifiant dans l'exécution de l'arrêt de mort, et c'est cela que l'on cache à la multitude.

Au contraire, en Espagne par exemple, le condamné reste exposé pendant trois jours dans une chapelle ardente, son cercueil est continuellement sous ses yeux; les prêtres disent les prières des agonisants, les cloches de l'église tintent jour et nuit un glas funèbre (1).

On conçoit que cette espèce d'initiation à une mort prochaine puisse épouvanter les criminels les plus endurcis, et inspirer une terreur salutaire à la foule qui se presse aux grilles de la chapelle mortuaire.

Puis le jour du supplice est un jour de deuil public : les cloches de toutes les paroisses sonnent les *trépasses*; le condamné est lentement conduit à l'échafaud avec une pompe imposante, lugubre; son cercueil toujours porté devant lui; les prêtres, chantant les prières des morts, marchent à ses côtés; viennent ensuite les confréries religieuses, et enfin des frères quèteurs demandant à la foule de quoi dire des messes pour le repos de l'âme du sup-

(1) C'est ainsi que cela se passait en Espagne pendant le séjour que j'y fis de 1824 à 1825.

plicié... Jamais la foule ne reste sourde à cet appel.

Sans doute tout cela est épouvantable, mais cela est logique, mais cela est imposant... mais cela montre que l'on ne retranche pas de ce monde une créature de Dieu pleine de vie et de force comme on égorge un bœuf... Mais cela donne à penser à la multitude, qui juge toujours du crime par la grandeur de la peine... que l'homicide est un forfait bien abominable, puisque son châtiment ébranle, attriste, émeut toute une ville.

Encore une fois, ce redoutable spectacle peut faire naître de graves réflexions, inspirer un utile effroi... et ce qu'il y a de barbare dans ce sacrifice humain est au moins couvert par la terrible majesté de son exécution.

Mais nous le demandons, les choses se passant exactement comme nous les avons rapportées (et quelquefois même *moins gravement*), de quel exemple cela peut-il être?

De grand matin on prend le condamné, on le garrotte, on le jette dans une voiture fermée, le postillon fouette, *touche* à l'échafaud, la bascule joue, et une tête tombe dans un panier... au milieu des railleries atroces de ce qu'il y a de plus corrompu dans la populace!...

Encore une fois, dans cette exécution rapide et furtive... où est l'exemple? où est l'épouvante?...

Et puis, comme l'exécution a lieu pour ainsi dire à huis clos, dans un endroit parfaitement écarté, avec une précipitation sournoise, toute la ville ignore cet acte sanglant et solennel, rien ne lui annonce que ce jour-là on *tue un homme*... les théâtres rient et chantent... la foule bourdonne insoucieuse et bruyante...

Au point de vue de la société, de la religion, de l'humanité, c'est pourtant quelque chose qui doit importer *à tous* que cet homicide juridique commis au nom de *l'intérêt de tous*...

Enfin, disons-le encore, disons-le toujours, voici le glaive, mais où est la couronne? A côté de la punition montrez la récompense, alors seulement la leçon sera complète et féconde... Si le lendemain de ce jour de deuil et de mort, le peuple, qui a vu la veille le sang d'un grand criminel rougir l'échafaud, voyait rémunérer et exalter un grand homme de bien, il redouterait d'autant plus le supplice du premier, qu'il ambitionnerait davantage le triomphe du second : la terreur empêche à peine le crime, jamais elle n'inspire la vertu.

Considère-t-on l'effet de la peine de mort sur les condamnés eux-mêmes?

Ou ils la bravent avec un cynisme audacieux...

Ou ils la subissent inanimés, à demi morts d'épouvante...

Ou ils offrent leur tête avec un repentir profond et sincère...

Or la peine est insuffisante pour ceux qui la narguent...

Inutile pour ceux qui sont déjà morts moralement...

Exagérée pour ceux qui se repentent avec sincérité...

Répétons-le : la société ne tue le meurtrier ni pour le faire souffrir, ni pour lui infliger la loi du talion... Elle le tue pour le mettre dans l'impossibilité de nuire... elle le tue pour que l'exemple de sa punition serve de frein aux meurtriers à venir...

Nous croyons, nous, que la peine est trop barbare, et qu'elle n'épouvante pas assez...

Nous croyons, nous, que dans quelques crimes tels que le parricide, ou autres forfaits qualifiés, *l'aveuglement* et un isolement perpétuel mettraient un condamné dans l'impossibilité de nuire, et le puniraient d'une manière mille fois plus redoutable, tout en lui laissant le temps du repentir et de la rédemption...

Si l'on doutait de cette assertion, nous rappellerions beaucoup de faits constatant l'horreur invincible des criminels endurcis pour l'isolement... Ne sait-on pas que quelques-uns ont commis des meurtres pour être condamnés à mort, préférant ce supplice à une cellule?... Quelle serait donc leur terreur, lorsque *l'aveuglement* joint à l'isolement ôterait au condamné l'espoir de s'évader, espoir qu'il conserve et qu'il réalise quelquefois même en cellule et chargé de fers?...

Et à ce propos nous pensons aussi que l'abolition des condamnations capitales sera peut-être une des conséquences forcées de l'isolement pénitentiaire; l'effroi que cet isolement inspire à la génération qui peuple à cette heure les prisons et les bagnes étant tel que beaucoup d'entre ces incurables préféreront encourir le dernier supplice que l'emprisonnement cellulaire, alors il faudra sans doute supprimer la peine de mort pour leur enlever cette dernière et épouvantable alternative.

. . . .

Avant de poursuivre notre récit, disons quelques mots des relations récemment établies entre le Chourineur et Martial.

Une fois Germain sorti de prison, le Chourineur prouva facilement qu'il s'était volé lui-même, avoua au juge d'instruction le but de cette singulière mystification, et fut mis en liberté après avoir été justement et sévèrement admonesté par ce magistrat.

N'ayant pas alors retrouvé Fleur-de-Marie, et voulant récompenser de ce nouvel acte de dévouement le Chourineur auquel il devait déjà la vie, Rodolphe, pour combler les vœux de son rude protégé, l'avait logé à l'hôtel de la rue Plumet, lui promettant de l'emmener sa suite lorsqu'il retournerait en Allemagne.

Nous l'avons dit, le Chourineur éprouvait pour Rodolphe l'attachement aveugle, obstiné du chien pour son maître. Demeurer sous le même toit que le prince, le voir quelquefois, attendre avec impatience une nouvelle occasion de se sacrifier à lui ou aux siens, là se bornait l'ambition et le bonheur du Chourineur, qui préférait mille fois cette condition à l'argent et à la ferme en Algérie que Rodolphe avait mis à sa disposition.

Mais lorsque le prince eut retrouvé sa fille, tout changea ; malgré sa vive reconnaissance pour l'homme qui lui avait sauvé la vie, il ne put se résoudre à emmener avec lui en Allemagne ce témoin de la première honte de Fleur-de-Marie... Bien décidé d'ailleurs à combler tous les désirs du Chourineur, il le fit venir une dernière fois, et lui dit qu'il attendait de son attachement un nouveau service. A ces mots, la physionomie du Chourineur rayonna ; mais elle devint bientôt consternée lorsqu'il apprit que non-seulement il ne pourrait suivre le prince en Allemagne, mais qu'il faudrait quitter l'hôtel le jour même.

Il est inutile de dire les compensations brillantes que Rodolphe offrit au Chourineur : — l'argent qui lui était destiné — le contrat de vente de la ferme en Algérie — plus encore, s'il le voulait... tout était à sa disposition. Le Chourineur, frappé au cœur, refusa, et, pour la première fois de sa vie peut-être, cet homme pleura... Il fallut l'insistance de Rodolphe pour le décider à accepter ses premiers bienfaits.

Le lendemain, le prince fit venir la Louve et Martial; sans leur apprendre que Fleur-de-Marie était sa fille, il leur demanda ce qu'il pouvait faire pour eux; tous leurs désirs devaient être accomplis; voyant leur hésitation, et se souvenant de ce que Fleur-de-Marie lui avait dit des goûts un peu sauvages de la Louve et de son mari, il proposa au hardi ménage ou une somme d'argent considérable, ou bien la moitié de cette somme et des terres en plein rapport dépendant d'une ferme voisine de celle qu'il avait fait acheter pour le Chourineur, et qui était aussi à vendre. En faisant cet offre, le prince avait encore songé que Martial et le Chourineur, tous deux rudes, énergiques, tous deux doués de bons et valeureux instincts, sympathiseraient d'autant mieux qu'ils avaient aussi tous deux des raisons de rechercher la solitude, l'un à cause de son passé, l'autre à cause des crimes de sa famille.

Il ne se trompait pas, Martial et la Louve acceptèrent avec transport; puis ayant été, par l'intermédiaire de Murph, mis en rapport avec le Chourineur, tous trois se félicitèrent bientôt des relations que promettait leur voisinage en Algérie.

Malgré la profonde tristesse où il était plongé, ou plutôt à cause même de cette tristesse, le Chourineur, touché des avances cordiales de Martial et de sa femme, y répondit avec effusion. Bientôt une amitié sincère unit les futurs colons; les gens de cette trempe se jugent vite et s'aiment de même... Aussi la Louve et Martial, n'ayant pu, malgré leurs affectueux efforts, tirer leur nouvel ami de sa sombre léthargie, ne comptaient plus pour l'en distraire que sur le mouvement du voyage et sur l'activité de leur vie à venir; car une fois en Algérie ils seraient obligés de se mettre au fait de la culture des terres qu'on leur avait données, les propriétaires devant, d'après les conditions de la vente, faire valoir les fermes pendant une année encore, afin que les nouveaux possesseurs fussent en état de surveiller plus tard l'exploitation.

Ces préliminaires posés, on comprendra qu'instruit de la pénible entrevue à laquelle Martial devait se rendre pour obéir aux dernières volontés de sa mère, le Chourineur eût voulu accompagner son nouvel ami jusqu'à la porte de Bicêtre, où il l'attendit dans le fiacre qui les avait amenés, et qui les reconduisait à Paris après que Martial épouvanté eut quitté le cachot où l'on faisait les terribles préparatifs de l'exécution de sa mère et de sa sœur.

La physionomie du Chourineur était complétement changée, l'expression d'audace et de bonne humeur qui caractérisaient ordinairement sa mâle figure avait fait place à un morne abattement; sa voix même avait perdu quelque chose de sa rudesse, une douleur de l'âme, douleur jusqu'alors inconnue de lui, avait rompu, brisé cette nature énergique.

Il regardait Martial avec compassion.

— Courage — lui disait le Chourineur — vous avez fait tout ce qu'un brave garçon pouvait faire... C'est fini... Songez à votre femme, à ces enfants que vous avez empêchés d'être des gueux comme père et mère... Et puis enfin... ce soir nous aurons quitté Paris pour n'y plus revenir, et vous n'entendrez plus jamais parler de ce qui vous afflige.

— C'est égal, voyez-vous, Chourineur... après tout, c'est ma mère... c'est ma sœur...

— Enfin, que voulez-vous... ça est... et quand les choses sont... il faut bien s'y soumettre... — dit le Chourineur en étouffant un soupir.

Après un moment de silence, Martial lui dit cordialement :

— Moi aussi je devrais vous consoler, pauvre garçon... toujours cette tristesse...

— Toujours, Martial...

— Enfin... moi et ma femme... nous comptons qu'une fois hors de Paris... ça vous passera...

— Oui — dit le Chourineur au bout de

quelques instants et presque en frémissant malgré lui — si je sors de Paris...

— Puisque... nous partons ce soir...

— C'est-à-dire *vous autres*... vous partez ce soir...

— Et vous donc? Est-ce que vous changez d'idée maintenant?

— Non...

— Eh bien?...

Le Chourineur garda de nouveau le silence, puis il reprit en faisant un effort sur lui-même :

— Tenez, Martial... vous allez hausser les épaules... mais j'aime autant vous tout dire... S'il m'arrive quelque chose, au moins ça prouvera que je ne me serai pas trompé.

— Qu'y a-t-il donc?

— Quand... M. Rodolphe... nous a fait demander s'il nous conviendrait de partir ensemble pour Alger et d'y être voisins, je n'ai pas voulu vous tromper... ni vous ni votre femme... Je vous ai dit... ce que j'avais été...

— Ne parlons plus de cela... Vous avez subi votre peine... vous êtes aussi bon et aussi brave que pas un... Mais je conçois que, comme moi, vous aimiez mieux aller vivre au loin... grâce à notre généreux protecteur... que de rester ici... où, si à l'aise et si honnêtes que nous soyons, on nous reprocherait toujours, à vous un méfait que vous avez payé et dont vous vous repentez pourtant encore... à moi les crimes de mes parents... dont je ne suis pas responsable... Mais de vous à nous... le passé est passé... et bien passé... Soyez tranquille... nous comptons sur vous comme vous pouvez compter sur nous...

— De vous à moi... peut-être... le passé est passé; mais, comme je le disais à M. Rodolphe... voyez-vous, Martial... il y a quelque chose là-haut... et j'ai tué un homme...

— C'est un grand malheur; mais, enfin, dans ce moment-là vous ne vous connaissiez plus... vous étiez comme fou... et puis enfin vous avez sauvé la vie d'autres personnes... et ça doit vous compter.

— Ecoutez, Martial... si je vous reparle de mon malheur... voilà pourquoi... Autrefois j'avais souvent un rêve... dans lequel je voyais... le sergent que j'ai tué... Depuis long-temps... je ne l'avais plus... ce rêve... et cette nuit... je l'ai eu...

— C'est un hasard.

— Non... ça m'annonce un malheur pour aujourd'hui.

— Vous déraisonnez, mon bon camarade...

— J'ai un pressentiment que je ne sortirai pas de Paris...

— Encore une fois, vous n'avez pas le sens commun... Votre chagrin de quitter notre bienfaiteur... la pensée de me conduire aujourd'hui à Bicêtre... où de si tristes choses m'attendaient... tout cela vous aura agité cette nuit; alors naturellement votre rêve... vous sera revenu...

Le Chourineur secoua tristement la tête.

— Il m'est revenu juste la veille du départ de M. Rodolphe... car c'est aujourd'hui qu'il part...

— Aujourd'hui?

— Oui... Hier j'ai envoyé un commissionnaire à son hôtel... n'osant pas y aller moi-même... il me l'avait défendu... On a dit que le prince partait ce matin, à onze heures...

par la barrière de Charenton. Aussi, une fois que nous allons être arrivés à Paris... je me posterai là... pour tâcher de le voir, ça sera la dernière fois!... la dernière!...

— Il paraît si bon que je comprends bien que vous l'aimiez...

— L'aimer!... — dit le Chourineur avec une émotion profonde et concentrée — oh oui!... allez... Voyez-vous, Martial... coucher par terre, manger du pain noir... être son chien... mais être où il aurait été, je ne demandais pas plus... C'était trop... il n'a pas voulu.

— Il a été si généreux pour vous.

— Ce n'est pas ça qui fait que je l'aime tant... c'est parce qu'il m'a dit que j'avais du cœur et de l'honneur... Oui, et dans un temps où j'étais farouche comme une bête brute, où je me méprisais comme le rebut de la canaille... lui m'a fait comprendre qu'il y avait encore du bon en moi, puisque, ma peine faite, je m'étais repenti, et qu'après avoir souffert la misère des misères sans voler j'avais travaillé avec courage pour gagner honnêtement ma vie... sans vouloir de mal à personne, quoique tout le monde m'ait regardé comme un brigand fini, ce qui n'était pas encourageant.

— C'est vrai, souvent pour vous maintenir ou vous mettre dans la bonne route... il ne faut que quelques mots qui vous encouragent et vous relèvent...

— N'est-ce pas, Martial? Aussi, quand M. Rodolphe me les a eu dits ces mots, dame! voyez-vous, le cœur m'a battu haut et fier... Depuis ce temps-là je me mettrais dans le feu pour le bien... Que l'occasion vienne... on verrait... Et ça grâce à qui?... grâce à M. Rodolphe.

— C'est justement parce que vous êtes mille fois meilleur que vous n'étiez, que vous ne devez pas avoir de mauvais pressentiments... Votre rêve ne signifie rien.

— Enfin nous verrons... C'est pas que je cherche un malheur exprès... il n'y en a pas pour moi de plus grand que celui qui m'arrive... ne plus le voir jamais... M. Rodolphe! moi qui croyais ne plus le quitter... Dans mon espèce, bien entendu... j'aurais été là, à lui corps et âme, toujours prêt... C'est égal, il a peut-être tort... Tenez, Martial, je ne suis qu'un ver de terre auprès de lui... eh bien ! quelquefois il arrive que les plus petits peuvent être utiles aux plus grands... Si ça devait être, je ne lui pardonnerais de ma vie de s'être privé de moi.

— Qui sait?... un jour peut-être vous le reverrez...

— Oh! non! il m'a dit : « Mon garçon, il faut que tu me promettes de ne jamais chercher à me revoir, cela me rendra service. » Vous comprenez, Martial, j'ai promis... foi d'homme, je tiendrai... mais c'est dur...

—Une fois là-bas, vous oublierez peu à peu ce qui vous chagrine. Nous travaillerons, nous vivrons seuls, tranquilles, comme de bons fermiers, sauf à faire quelquefois le coup de fusil avec les Arabes... Tant mieux! ça nous ira à nous deux ma femme; car elle est crâne, allez, la Louve!

— S'il s'agit de coups de fusil, ça me regardera, Martial! — dit le Chourineur un peu moins accablé. — Je suis garçon, et j'ai été troupier...

— Et moi braconnier!

— Mais vous... vous avez votre femme, et ces deux enfants dont vous êtes comme le père...—Moi, je n'ai que ma peau... et, puisqu'elle ne peut plus être bonne à faire un paravent à M. Rodolphe, je n'y tiens guère. Ainsi, s'il y a un coup de peigne à se donner, ça me regardera.

— Ça nous regardera tous les deux.

— Non, moi seul... tonnerre!... A moi les Bédouins!

— A la bonne heure, j'aime mieux vous entendre parler ainsi que comme tout à l'heure... Allez, Chourineur... nous serons de vrais frères; et puis vous pourrez nous entretenir de vos chagrins, s'ils durent encore, car j'aurai les miens. La journée d'aujourd'hui comptera long-temps dans ma vie, allez... On ne voit pas sa mère, sa sœur... comme je les ai vues... sans que ça vous revienne à l'esprit... Nous nous ressemblons, vous et moi, dans trop de choses pour qu'il ne nous soit pas bon d'être ensemble. Nous ne boudons au danger ni l'un ni l'autre, eh bien! nous serons moitié fermiers, moitié soldats... Il y a de la chasse là-bas... nous chasserons... Si vous voulez vivre seul chez vous, vous y vivrez et nous voisinerons... sinon... nous logerons tous ensemble. Nous élèverons les enfants comme de braves gens, et vous serez quasi leur oncle... puisque nous serons frères. Ça vous va-t-il?— dit Martial en tendant la main au Chourineur.

— Ça me va, mon brave Martial... et puis enfin... le chagrin me tuera ou je le tuerai... comme on dit.

— Il ne vous tuera pas... nous vieillirons là-bas dans notre désert, et tous les soirs nous dirons : *Frère... merci à M. Rodolphe...* ça sera notre prière pour lui...

— Tenez, Martial... vous me mettez du baume dans le sang...

— A la bonne heure... ce bête de rêve... vous n'y pensez plus, j'espère?...

— Je tâcherai...

— Ah çà... vous venez nous prendre à quatre heures? la diligence part à cinq.

— C'est convenu... Mais nous voici bientôt à Paris; je vais arrêter le fiacre, j'irai à pied jusqu'à la barrière de Charenton; j'attendrai M. Rodolphe pour le voir passer.

La voiture s'arrêta, le Chourineur descendit.

— N'oubliez pas... à quatre heures... mon bon camarade — dit Martial.

— A quatre heures!...

Le Chourineur avait oublié qu'on était au lendemain de la Mi-Carême; aussi fut-il étrangement surpris du spectacle à la fois bizarre et hideux qui s'offrit à sa vue lorsqu'il eut parcouru une partie du boulevard extérieur qu'il suivait pour se rendre à la barrière de Charenton.

CHAPITRE XVIII.

LE DOIGT DE DIEU.

Le chourineur, au bout de quelques instants, se trouvait emporté malgré lui par une foule compacte, torrent populaire qui, descendant des cabarets du faubourg de la Glacière, s'amoncelait aux abords de cette barrière, pour se répandre ensuite sur le boulevard Saint-Jacques, où allait avoir lieu l'exécution.

Quoiqu'il fît grand jour, on entendait encore au loin la musique retentissante de l'orchestre des guinguettes où éclataient surtout les vibrations sonores des cornets à pistons.

Il faudrait le pinceau de Callot, de Rembrandt ou de Goya pour rendre l'aspect bizarre, hideux, presque fantastique de cette multitude. Presque tous, hommes, femmes, enfants, étaient vêtus de vieux costumes de mascarades; ceux qui n'avaient pu s'élever jusqu'à ce luxe portaient sur leurs vêtements des guenilles de couleurs tranchantes; quelques jeunes gens étaient affublés de robes de femme à demi déchirées et souillées de boue; tous ces visages, flétris par la débauche et par le vice, marbrés par l'ivresse, étincelaient d'une joie sauvage en songeant qu'après une nuit de crapuleuse orgie ils allaient voir mettre à mort deux femmes dont l'échafaud était dressé (1).

Ecume fangeuse et fétide de la population de Paris, cette immense cohue se composait de bandits et de femmes perdues qui demandent chaque jour au crime le pain de la journée... et qui chaque soir rentrent largement repus dans leurs tanières (2).

---

(1) L'exécution de Norbert et de Després a eu lieu cette année le lendemain de la Mi-Carême...

(2) Selon M. Fregier, l'excellent historien des classes dangereuses de la société, il existe à Paris environ trente mille personnes qui n'ont d'autre moyen d'existence que le vol.

Le boulevard extérieur étant fort resserré à cet endroit, la foule entassée refluait et entravait absolument la circulation. Malgré sa force athlétique, le Chourineur fut obligé de rester presque immobile au milieu de cette masse compacte... Il se résigna... Le prince, partant de la rue Plumet à dix heures, lui avait-on dit, ne devait passer à la barrière de Charenton qu'à onze heures environ, et il n'était pas sept heures.

Quoiqu'il eût naguère forcément fréquenté les classes dégradées auxquelles appartenait cette populace, le Chourineur, en se retrouvant au milieu d'elle, éprouvait un dégoût invincible. Poussé par le reflux de la foule jusqu'au mur d'une des guinguettes dont fourmillent ces boulevards, à travers les fenêtres ouvertes, d'où s'échappaient les sons étourdissants d'un orchestre d'instruments de cuivre, le Chourineur assista malgré lui à un spectacle étrange...

Dans une vaste salle basse, occupée à l'une de ses extrémités par les musiciens, entourée de bancs et de tables chargées des débris d'un repas, d'assiettes cassées, de bouteilles renversées, une douzaine d'hommes et de femmes déguisés, à moitié ivres, se livraient avec emportement à cette danse folle et obscène appelée *le chahut*, à laquelle un petit nombre d'habitués de ces lieux ne s'abandonnent qu'à la fin du *bal*, alors que les gardes municipaux en surveillance se sont retirés.

Parmi les ignobles couples qui figuraient dans cette saturnale, le Chourineur en remarqua deux qui se faisaient surtout applaudir par le cynisme révoltant de leurs poses, de leurs gestes et de leurs paroles...

Le premier couple se composait d'un homme à peu près déguisé en ours au moyen d'une veste et d'un pantalon de peau de mouton noir. La tête de l'animal, sans doute trop gênante à porter, avait été remplacée par une sorte de capuce à longs poils qui recouvrait entièrement le visage; deux trous, à la hauteur des yeux, une large fente à la hauteur de la bouche, permettaient de voir, de parler et de respirer... Cet homme masqué, l'un des prisonniers évadés de la Force (parmi lesquels se trouvaient aussi Barbillon et les deux meurtriers arrêtés chez *l'ogresse du tapis-*

franc au commencement de ce récit); cet homme masqué était Nicolas Martial le fils, le frère des deux femmes dont l'échafaud était dressé à quelques pas... Entraîné dans cet acte d'insensibilité atroce, d'audacieuse forfanterie par un de ses compagnons, redoutable bandit, évadé aussi... déguisé aussi... ce misérable osait, à l'aide de ce travestissement, se livrer aux dernières joies du carnaval...

La femme qui dansait avec lui, costumée en vivandière, portait un chapeau de cuir bouilli bossué, à rubans déchirés, une sorte de justaucorps de drap rouge passé, orné de trois rangs de boutons de cuivre à la hussarde; une jupe verte et des pantalons de calicot blanc; ses cheveux noirs tombaient en désordre sur son front; ses traits, hâves et plombés, respiraient l'effronterie et l'impudeur.

Le *vis-à-vis* de ces danseurs était non moins ignoble.

L'homme, d'une très-grande taille, déguisé en *Robert Macaire*, avait tellement barbouillé de suie sa figure osseuse, qu'il était méconnaissable; d'ailleurs un large bandeau couvrait son œil gauche, et le blanc mat du globe de l'œil droit, se détachant sur cette face noirâtre, la rendait plus hideuse encore. Le bas du visage du *Squelette* (on l'a déjà reconnu sans doute) disparaissait entièrement dans une haute cravate faite d'un vieux châle rouge. Coiffé, selon la tradition, d'un chapeau gris, râpé, aplati, sordide et sans fond ; vêtu d'un habit vert en lambeaux et d'un pantalon garance rapiécé en mille endroits et attaché aux chevilles avec des ficelles, cet assassin, outrant les poses les plus grotesques et les plus cyniques de *la chahut*, lançant de droite, de gauche, en avant, en arrière, ses longs membres durs comme du fer, les dépliait et les repliait avec tant de vigueur et d'élasticité qu'on les eût dits mis en mouvement par des ressorts d'acier...

Digne coryphée de cette immonde saturnale, sa danseuse, grande et leste créature au visage impudent et aviné, costumée en débardeur, coiffée d'un bonnet de police incliné sur une perruque poudrée, à grosse queue, portait une veste et un pantalon de velours vert éraillé, assujetti à la taille par une écharpe orange aux longs bouts flottants derrière le dos.

Une grosse femme, ignoble et hommasse, l'ogresse du tapis-franc, assise sur un des bancs, tenait sur ses genoux les manteaux de tartan de cette créature et de la vivandière, pendant qu'elles rivalisaient toutes deux de bonds et de postures cyniques avec le Squelette et Nicolas Martial...

Parmi les autres danseurs on remarquait encore un enfant boiteux habillé en diable au moyen d'un tricot noir beaucoup trop large et trop grand pour lui, d'un caleçon rouge, et d'un masque vert horrible et grimaçant. Malgré son infirmité, ce petit monstre était d'une agilité surprenante ; sa dépravation précoce atteignait, si elle ne dépassait pas, celle de ses affreux compagnons, et il gambadait aussi effrontément que pas un devant une grosse femme déguisée en bergère, qui excitait encore le dévergondage de son partner par ses éclats de rire.

Aucune charge ne s'étant élevée contre Tortillard (on l'a aussi reconnu), et Bras-Rouge ayant été provisoirement laissé en prison, l'enfant, à la demande de son père, avait été ré-

24.

clamé par Micout, le recéleur du passage de la Brasserie, que ses complices n'avaient pas dénoncé.

Comme figures secondaires du tableau que nous essayons de peindre, qu'on s'imagine tout ce qu'il y a de plus bas, de plus honteux, de plus monstrueux dans cette crapule oisive, audacieuse, rapace, sanguinaire, athée, qui se montre de plus en plus hostile à l'ordre social, et sur laquelle nous avons voulu rappeler l'attention des penseurs en terminant ce récit...

Puisse cette dernière et horrible scène symboliser le péril imminent qui menace incessamment la société!

Oui, que l'on y songe, la cohésion, l'augmentation inquiétante de cette race de voleurs et de meurtriers est une sorte de protestation vivante contre le vice des lois répressives et surtout contre l'absence des *mesures préventives, d'une législation prévoyante, de larges institutions préservatrices,* destinées à surveiller, à moraliser dès l'enfance cette foule de malheureux, abandonnés ou pervertis par d'effroyables exemples. Encore une fois, ces êtres déshérités, que Dieu n'a faits ni plus mauvais ni meilleurs que ses autres créatures, ne se vicient, ne se gangrènent ainsi incurablement que dans la fange de misère, d'ignorance et d'abrutissement où ils se traînent en naissant.

. . . .

Encore excités par les rires, par les bravos de la foule pressée aux fenêtres, les acteurs de l'abominable orgie que nous racontons crièrent à l'orchestre de jouer un dernier galop.

Les musiciens, ravis de toucher à la fin d'une séance si pénible pour leurs poumons, se rendirent au vœu général, et jouèrent avec énergie un air de galop d'une mesure entraînante et précipitée.

A ces accords vibrants des instruments de cuivre, l'exaltation redoubla, tous les couples s'étreignirent, s'ébranlèrent, et, suivant le Squelette et sa danseuse, commencèrent une ronde infernale en poussant des hurlements sauvages...

Une poussière épaisse, soulevée par ces piétinements furieux, s'éleva du plancher de la salle et jeta une sorte de nuage roux et sinistre sur ce tourbillon d'hommes et de femmes enlacés, qui tournoyaient avec une rapidité vertigineuse.

Bientôt, pour ces têtes exaspérées par le vin, par le mouvement, par leurs propres cris, ce ne fut plus même de l'ivresse, ce fut du délire, de la frénésie ; l'espace leur manqua.... Le Squelette cria d'une voix haletante :

— Gare !... la porte !... Nous allons sortir... sur le boulevard...

— Oui... oui !... — cria la foule entassée aux fenêtres — un galop jusqu'à la barrière Saint-Jacques !

—Voilà bientôt l'heure où on va raccourcir les deux *largues* (1).

— Le bourreau fait coup double ; c'est drôle !

— Avec accompagnement de cornet à piston.

— Nous danserons la contredanse de *la guillotine !*

— En avant la femme sans tête !... — cria Tortillard.

— Ça égaiera les condamnées.

— J'invite la veuve....

(1) Les deux femmes.

— Moi, la fille....

— Ça mettra le vieux Charlot en gaieté...

— Il chahutera sur sa boutique avec ses employés.

— Mort aux *pantes!* Vivent les *grinches* et les *escarpes!!!* (1) — cria le Squelette d'une voix frémissante.

Ces railleries, ces menaces de cannibales, accompagnées de chants obscènes, de cris, de sifflets, de huées, augmentèrent encore lorsque la bande du Squelette eut fait, par la violence impétueuse de son impulsion, une large trouée au milieu de cette foule compacte.

Ce fut alors une mêlée épouvantable ; on entendit des rugissements, des imprécations, des éclats de rire qui n'avaient plus rien d'humain.

Le tumulte fut tout à coup porté à son comble par deux nouveaux incidents.

La voiture renfermant les condamnées, accompagnée de son escorte de cavalerie, parut au loin à l'angle du boulevard ; alors toute cette populace se rua dans cette direction en

(1) Mort aux honnêtes gens, vivent les voleurs et les assassins...

poussant un hurlement de satisfaction féroce.

A ce moment aussi la foule fut rejointe par un courrier venant du boulevard des Invalides et se dirigeant au galop vers la barrière de Charenton. Il était vêtu d'une veste bleu-clair à collet jaune, doublement galonnée d'argent sur toutes les coutures ; mais en signe de grand deuil il portait des culottes noires avec ses bottes fortes ; sa casquette, aussi largement bordée d'argent, était entourée d'un crêpe ; enfin, sur les œillères de la bride à collier de grelots, on voyait en relief les armes souveraines de Gerolstein.

Le courrier mit son cheval au pas ; mais sa marche devenant de plus en plus embarrassée, il fut presque obligé de s'arrêter lorsqu'il se trouva au milieu du flot de populace dont nous avons parlé.... Quoiqu'il criât Gare !... et qu'il conduisît sa monture avec la plus grande précaution, des cris, des injures et des menaces s'élevèrent bientôt contre lui.

— Est-ce qu'il veut nous monter sur le dos avec son chameau... celui-là ?...

— Que ça de plat d'argent sur le corps....

merci! — cria Tortillard sous son masque vert à langue rouge.

— S'il nous embête... mettons-le à pied...

— Et on lui décousra les *galuches* de sa veste pour les fondre... — dit Nicolas.

— Et on te décousra le ventre si tu n'es pas content, mauvaise valetaille... — ajouta le Squelette en s'adressant au courrier et en saisissant la bride de son cheval; car la foule était devenue si compacte que le bandit avait renoncé à son projet de danse jusqu'à la barrière.

Le courrier, homme vigoureux et résolu, dit au Squelette en levant le manche de son fouet :

— Si tu ne lâches pas la bride de mon cheval, je te coupe la figure...

— Toi... méchant mufle?

— Oui... Je vais au pas, je crie gare; tu n'as pas le droit de m'arrêter. La voiture de monseigneur arrive derrière moi.... j'entends déjà les fouets... Laissez-moi passer.

— Ton seigneur? — dit le Squelette. — Qu'est-ce que ça me fait à moi, ton seigneur... Je l'estourbirai si ça me plaît. Je n'en ai jamais refroidi, de seigneurs... et ça m'en donne l'envie.

— Il n'y a plus de seigneurs.... *Vive la Charte!* — cria Tortillard; et tout en fredonnant ces vers de *la Parisienne* : « En avant, marchons contre leurs canons, » il se cramponna brusquement à une des bottes du courrier, y pesa de tout son poids, et le fit trébucher sur sa selle. Un coup de manche de fouet rudement asséné sur la tête de Tortillard le punit de son audace. Mais aussitôt la populace en fureur se précipita sur le courrier ; il eut beau mettre ses éperons dans le ventre de son cheval pour le porter en avant et se dégager, il n'y put parvenir, non plus qu'à tirer son couteau de chasse. Démonté, renversé au milieu de cris et de huées enragées, il allait être assommé sans l'arrivée de la voiture de Rodolphe qui fit diversion à l'emportement stupide de ces misérables.

Depuis quelque temps le coupé du prince, attelé de quatre chevaux de poste, n'allait qu'au pas, et un des deux valets de pied en deuil (à cause de la mort de Sarah), assis sur le siége de derrière, était même prudemment descendu, se tenant à une des portières, la voiture étant très-basse. Les postillons criaient gare! et avançaient avec précaution.

Rodolphe, vêtu de grand deuil comme sa fille, dont il tenait une des mains dans les siennes, la regardait avec bonheur et attendrissement. La douce et charmante figure de Fleur-de-Marie s'encadrait dans une petite capote de crêpe noir qui faisait ressortir encore la blancheur éblouissante de son teint et les reflets brillants de ses jolis cheveux blonds; on eût dit que l'azur de ce beau jour se réflétait dans ses grands yeux, qui n'avaient jamais été d'un bleu plus limpide et plus doux... Quoique sa figure, doucement souriante, exprimât le calme, le bonheur, lorsqu'elle regardait son père, une teinte de mélancolie, quelquefois même de tristesse indéfinissable, jetait souvent son ombre sur les traits de Fleur-de-Marie quand les yeux de son père n'étaient plus attachés sur elle.

— Tu ne m'en veux pas de t'avoir fait lever de si bonne heure... et d'avoir ainsi avancé le moment de notre départ? — lui dit Rodolphe en souriant.

— Oh! non, mon père; cette matinée est si belle!...

— C'est que j'ai pensé, vois-tu, que notre journée serait mieux coupée en partant de bonne heure... et que tu serais moins fatiguée... Murph, mes aides-de-camp et la voiture de suite, où sont tes femmes, nous rejoindront à notre première halte, où tu te reposeras.

— Bon père... c'est moi... toujours moi qui vous préoccupe...

— Oui, mademoiselle... et sans reproche... il m'est impossible d'avoir aucune autre pensée.... — dit le prince en souriant; puis il ajouta avec un élan de tendresse : — Oh! je t'aime tant.... je t'aime tant.... ton front.... vite....

Fleur-de-Marie s'inclina vers son père, et Rodolphe posa ses lèvres avec délices sur son front charmant.

C'était à cet instant que la voiture, approchant de la foule, avait commencé de marcher très-lentement.

Rodolphe étonné baissa la glace, et il dit en

allemand au valet de pied qui se tenait près de la portière :

— Eh bien! Frantz... qu'y a-t-il? quel est ce tumulte?

— Monseigneur... il y a tant de foule... que les chevaux ne peuvent plus avancer.

— Et pourquoi cette foule?

— Monseigneur...

— Eh bien ?...

— C'est que, Votre Altesse...

— Parle donc...

— Monseigneur... je viens d'entendre dire qu'il y a là-bas... une exécution à mort.

— Ah! c'est affreux! — s'écria Rodolphe en se rejetant au fond de la voiture.

— Qu'avez-vous, mon père? — dit vivement Fleur-de-Marie avec inquiétude.

— Rien... rien... mon enfant.

— Mais ces cris menaçants.... entendez-vous? ils approchent.... Qu'est-ce que cela, mon Dieu?

— Frantz, ordonne aux postillons de retourner et de gagner Charenton par un autre chemin... quel qu'il soit, dit Rodolphe.

— Monseigneur, il est trop tard.... nous

voilà dans la foule... On arrête les chevaux... des gens de mauvaise mine...

Le valet de pied ne put parler davantage. La foule, exaspérée par les forfanteries sanguinaires du Squelette et de Nicolas, entoura tout à coup la voiture en vociférant. Malgré les efforts, les menaces des postillons, les chevaux furent arrêtés, et Rodolphe ne vit de tous côtés, au niveau des portières, que des visages horribles, furieux, menaçants, et, les dominant de sa grande taille, le Squelette, qui s'avança à la portière.

— Mon père... prenez garde!... — s'écria Fleur-de-Marie en jetant ses bras autour du cou de Rodolphe.

— C'est donc vous qui êtes le seigneur? — dit le Squelette en avançant sa tête hideuse jusque dans la voiture.

A cette insolence, Rodolphe, sans la présence de sa fille, se fût livré à la violence de son caractère; mais il se contint et répondit froidement :

— Que voulez-vous?... Pourquoi arrêtez-vous ma voiture?...

— Parce que ça nous plaît — dit le Squelette en mettant ses mains osseuses sur le rebord de la portière. — Chacun son tour.... hier tu écrasais la canaille.... aujourd'hui la canaille t'écrasera si tu bouges...

— Mon père... nous sommes perdus! — murmura Fleur-de-Marie à voix basse.

— Rassure-toi... je comprends... — dit le prince — c'est le dernier jour du carnaval... Ces gens sont ivres... je vais m'en débarrasser.

— Il faut le faire descendre... et sa *largue* (1) aussi... — cria Nicolas. — Pourquoi qu'ils écrasent le pauvre monde?

— Vous me paraissez avoir déjà beaucoup bu, et avoir envie de boire encore — dit Rodolphe en tirant une bourse de sa poche. — Tenez... voilà pour vous... ne retenez pas ma voiture plus long-temps. — Et il jeta sa bourse.

Tortillard l'attrapa au vol.

— Au fait, tu pars en voyage, tu dois avoir les goussets garnis, aboule encore de l'argent, ou je te tue... Je n'ai rien à risquer... je te demande la bourse ou la vie en plein soleil... C'est farce! — dit le Squelette complétement ivre de vin et de rage sanguinaire.

(1) Femme.

Et il ouvrit brusquement la portière.

La patience de Rodolphe était à bout; inquiet pour Fleur-de-Marie, dont l'effroi augmentait à chaque minute, et pensant qu'un acte de vigueur imposerait à ce misérable qu'il croyait seulement ivre, il sauta de sa voiture pour saisir le Squelette à la gorge... D'abord celui-ci se recula vivement en tirant de sa poche un long couteau-poignard, puis il se jeta sur Rodolphe.

Fleur-de-Marie, voyant le poignard du bandit levé sur son père, poussa un cri déchirant, se précipita hors de la voiture, et l'enlaça de ses bras...

C'en était fait d'elle et de son père sans le Chourineur, qui, au commencement de cette rixe, ayant reconnu la livrée du prince, était parvenu, après des efforts surhumains, à s'approcher du Squelette.

Au moment où celui-ci menaçait le prince de son couteau, le Chourineur arrêta le bras du brigand d'une main, et de l'autre le saisit au collet et le renversa à demi en arrière...

Quoique surpris à l'improviste et par derrière, le Squelette put se retourner, reconnut le Chourineur, et s'écria :

— L'homme à la blouse grise de la Force !... cette fois-ci, je te tue... — Et, se précipitant avec furie sur le Chourineur, il lui plongea son couteau dans la poitrine...

Le Chourineur chancela... mais ne tomba pas... la foule le soutenait...

— La garde ! voici la garde !...

Crièrent quelques voix effrayées.

A ces mots, à la vue du meurtre du Chourineur, toute cette foule si compacte, craignant d'être comprise dans cet assassinat, se dispersa comme par enchantement, et se mit à fuir dans toutes les directions.... Le Squelette, Nicolas Martial et Tortillard disparurent aussi...

Lorsque la garde arriva, guidée par le courrier, qui était parvenu à s'échapper lorsque la foule l'avait abandonné pour entourer la voiture du prince, il ne restait sur le théâtre de cette lugubre scène que Rodolphe, sa fille et le Chourineur inondé de sang.

Les deux valets de pied du prince l'avaient assis par terre et adossé à un arbre.

Tout ceci s'était passé mille fois plus rapidement qu'il n'est possible de l'écrire, à quelques pas de la guinguette d'où étaient sortis le Squelette et sa bande.

Le prince, pâle et ému, entourait de ses bras Fleur-de-Marie défaillante, pendant que les postillons rajustaient les traits qui avaient été à moitié brisés dans la bagarre.

— Vite — dit le prince à ses gens occupés à secourir le Chourineur — transportez ce malheureux dans ce cabaret... Et toi — ajouta-t-il s'adressant à son courrier — monte sur le siége, et qu'on aille ventre à terre chercher à l'hôtel le docteur David; il ne doit partir qu'à onze heures... on le trouvera...

Quelques minutes après, la voiture partait au galop, et les deux domestiques transportaient le Chourineur dans la salle basse où avait eu lieu l'orgie et où se trouvaient encore quelques-unes des femmes qui y avaient figuré.

— Ma pauvre enfant — dit Rodolphe à sa fille — je vais te conduire dans une chambre de cette maison... et tu m'y attendras... car je ne puis abandonner aux seuls soins de mes gens cet homme courageux qui vient de me sauver encore la vie...

— Oh! mon père, je vous en prie... ne me quittez pas... — s'écria Fleur-de-Marie avec épouvante en saisissant le bras de Rodolphe — ne me laissez pas seule... je mourrais de frayeur... j'irai où vous irez...

— Mais ce spectacle est affreux!

— Mais, grâce à cet homme... vous vivez pour moi, mon père... permettez au moins que je me joigne à vous pour le remercier et pour le consoler.

La perplexité du prince était grande : sa fille témoignait une si juste frayeur de rester seule dans une chambre de cette ignoble taverne, qu'il se résigna à entrer avec elle dans la salle basse où se trouvait le Chourineur.

Le maître de la guinguette, et plusieurs d'entre les femmes qui y étaient restées (parmi lesquelles se trouvait l'ogresse du *tapis-franc*) avaient à la hâte étendu le blessé sur un matelas, et puis étanché, tamponné sa plaie avec des serviettes.

Le Chourineur venait d'ouvrir les yeux lorsque Rodolphe entra. A la vue du prince, ses

25.

traits, d'une pâleur de mort, se ranimèrent un peu.... il sourit péniblement et lui dit d'une voix faible :

— Ah! monsieur Rodolphe... comme ça s'est heureusement rencontré que je me sois trouvé là!...

— Brave et dévoué.... comme toujours!— lui dit le prince avec un accent désolé — tu me sauves encore...

— J'allais aller... à la barrière de Charenton... pour tâcher de vous voir partir... heureusement... je me suis trouvé arrêté ici par la foule... ça devait d'ailleurs m'arriver... je je l'ai dit à Martial... j'avais un pressentiment.

— Un pressentiment!...

— Oui... monsieur Rodolphe... le rêve du sergent... cette nuit je l'ai eu...

— Oubliez ces idées... espérez... votre blessure ne sera pas mortelle...

— Oh si! le Squelette a piqué juste... C'est égal, j'avais raison... de dire à Martial... qu'un ver de terre comme moi pouvait quelquefois être... utile... à un grand seigneur comme vous...

— Mais c'est la vie... la vie... que je vous dois encore...

— Nous sommes quittes... monsieur Rodolphe... Vous m'avez dit que j'avais du cœur et de l'honneur... Ce mot-là... voyez-vous... Oh ! j'étouffe... monseigneur... sans vous... commander... faites-moi l'honneur... de... votre main... je sens que je m'en vas...

— Non... c'est impossible... — s'écria le prince en se courbant vers le Chourineur et serrant dans ses mains la main glacée du moribond — non... vous vivrez... vous vivrez...

— Monsieur Rodolphe... voyez-vous qu'il y a quelque chose... là-haut... J'ai tué... d'un coup de couteau... je meurs d'un coup... de... couteau... — dit le Choûrineur d'une voix de plus en plus faible et étouffée.

A ce moment ses regards s'arrêtèrent sur Fleur-de-Marie, qu'il n'avait pas encore aperçue. L'étonnement se peignit sur sa figure mourante ; il fit un mouvement, et dit :

— Ah !... mon... Dieu !... la Goualeuse...

— Oui... c'est ma fille... elle vous bénit de lui avoir conservé son père...

— Elle... votre fille... ici... ça me rappelle

notre connaissance... monsieur Rodolphe...
et les... coups de poing... de la fin... mais...
ce... coup de couteau-là... sera aussi... le
coup... de la fin... j'ai chouriné... on me...
chourine... c'est juste...

Puis il fit un profond soupir en renversant
sa tête en arrière... il était mort...

Le bruit des chevaux retentit au dehors;
la voiture de Rodolphe avait rencontré celle
de Murph et de David, qui, dans leur empressement de rejoindre le prince, avaient précipité leur départ.

David et le squire entrèrent.

— David — dit Rodolphe en essuyant ses
larmes et en montrant le Chourineur — ne
reste-t-il donc aucun espoir, mon Dieu?

— Aucun, monseigneur — dit le docteur
après une minute d'examen.

Pendant cette minute, il s'était passé une
scène muette et effrayante entre Fleur-de-
Marie et l'ogresse... que Rodolphe, lui, n'avait
pas remarquée.

Lorsque le Chourineur avait prononcé à
demi-voix le nom de la Goualeuse, l'ogresse,

levant vivement la tête, avait vu Fleur-de-Marie.

Déjà l'horrible femme avait reconnu Rodolphe; on l'appelait monseigneur... il appelait la Goualeuse sa fille... Une telle métamorphose stupéfiait l'ogresse, qui attachait opiniâtrément ses yeux stupidement effarés sur son ancienne victime...

Fleur-de-Marie, pâle, épouvantée, semblait fascinée par ce regard.

La mort du Chourineur, l'apparition inattendue de l'ogresse qui venait réveiller, plus douloureux que jamais, le souvenir de sa dégradation première, lui paraissaient d'un sinistre présage...

De ce moment, Fleur-de-Marie fut frappée d'un de ces pressentiments qui souvent ont sur des caractères tels que le sien une irrésistible influence.

. . . .

Peu de temps après ces tristes événements, Rodolphe et sa fille avaient pour jamais quitté Paris.

NOTE.

La lettre suivante d'un de MM. les magistrats du parquet de Toulouse a été adressée à M. Eugène Sue, au sujet des *Mystères de Paris*.

« Toulouse, 7 août 1843.

» Monsieur,

» Dans le chapitre II de la 8ᵉ partie des *Mystères de Paris*, vous tracez le plan d'une banque destinée à prêter, sans intérêt, à des ouvriers sans travail. Je crois devoir vous faire connaître qu'une institution de ce genre existe déjà à Toulouse, sous le titre de Société de prêt charitable et gratuit, où elle a été autorisée par une ordonnance du Roi du 27 août 1828. Fondée par des personnes bienfaisantes, qui ont contribué à son établissement par une souscription de 600 fr. au moins, elle prête sans intérêt et sur gage à des ouvriers d'une moralité reconnue, jusqu'à concurrence de la somme de 300 fr. L'administration municipale a contribué à cette bonne œuvre, en affectant dans l'Hôtel-de-Ville un local pour le service de ses bureaux, et en lui allouant un secours annuel de 1,000 fr. pour ses frais d'administration. Quoique ses moyens d'action ne soient pas aussi étendus qu'on pourrait le désirer, elle contribue toutefois à arracher quelques victimes à la rapacité des usuriers.

» Mais si les ravages de l'usure sont diminués dans la ville de Toulouse par cette institution charitable, sa population pauvre n'en ressent pas moins les tristes conséquences de l'élévation des frais de justice, et de l'impossibilité où se trouve l'indigent d'avoir recours aux tribunaux. Ces inconvénients, que vous avez fait ressortir avec tant de force dans une autre partie de votre ouvrage, appellent hautement une réforme, et nul n'en sent plus l'indispensable nécessité que les magistrats du parquet, appelés trop souvent à être sur ce point les témoins de la douleur de l'indigent, à qui ils ne peuvent offrir que de stériles conseils. Attaché à ses fonctions depuis treize années, combien de fois j'ai appelé de mes vœux une loi qui permît aux pauvres l'accès gratuit des tribunaux ! Cependant notre législation n'est pas complétement muette à cet égard ; l'article 75 de la loi du 25 mars 1817 autorise le procureur du roi à poursuivre d'office, sans droits de timbre et d'enregistrement, les rectifications et réparations d'omissions dans les registres de l'état civil, d'actes qui intéressent les individus notoirement indigents, et cette disposition, que la mauvaise tenue de ces registres dans les campagnes rend d'une application fréquente, épargne à bien des pauvres gens, qui en usent le plus souvent au moment de contracter mariage, c'est-à-dire dans une époque où leurs faibles ressources doivent pourvoir à de nombreuses dépenses, leur épargne, dis-je, les frais d'une procédure qui ne coûterait pas moins de 50 à 60 fr.

» Sans doute on doit se féliciter d'une semblable disposition; mais ne serait-il pas juste qu'elle fût étendue à d'autres cas non moins urgents? Sur ce point on peut citer, indépendamment des exemples pris chez divers peuples d'Italie et que vous avez fait connaître dans le *Journal des Débats*, la législation des Pays-Bas : elle se trouve consignée pour ce pays dans diverses lois et arrêtés de 1814, 1815 et 1824, qu'on trouve rapportés dans le *Répertoire de Jurisprudence* de Merlin (v° *Pauvres*, tome XVII, 4e édit.). Il en résulte que les indigents qui justifient de leur position sont admis à plaider dans tous les tribunaux, soit en demandant, soit en défendant, avec exemption des droits de timbre, d'enregistrement, de greffe, d'expédition et d'honoraires d'avoués et d'huissiers. Ces droits sont toutefois acquittés par la partie qui perd son procès, si elle n'est pas indigente; ainsi la perte pour le fisc n'est pas absolue dans tous les cas.

» Combien il serait à désirer que la France, dont

NOTE.

la législation a servi de modèle à ses voisins sur tant de points, leur empruntât à son tour une si philanthropique institution ! Par là se trouverait anéanti un des griefs que le peuple exprime avec le plus d'amertume contre l'ordre de choses existant ; par là les magistrats ne se verraient pas trop souvent forcés de refuser à un justiciable la justice qu'il réclame et qui lui est due.

» Continuez, monsieur, à faire servir votre voix puissante à signaler d'aussi déplorables lacunes dans notre législation : il est impossible qu'elle ne soit pas enfin entendue de nos législateurs.

» Veuillez agréer, monsieur, l'assurance de ma haute considération. »

FIN DU NEUVIÈME VOLUME.

Sous presse, pour paraître très-incessamment, Gérolstein, épilogue formant le complément et terminant la dernière partie des *Mystères de Paris*.

TABLE DES CHAPITRES.

Chap. Iᵉʳ. Rodolphe et Sarah. 1
    II. Vengeance. 27
    III. Furens amoris 47
    IV. Les visions 65
    V. L'hospice 81
    VI. La visite. 107
    VII. Mademoiselle de Fermont. 127
    VIII. Fleur-de-Marie. 145
    IX. Espérance. 167
    X. Le père et la fille 191
    XI. Dévouement. 215
    XII. Le mariage. 223
    XIII. Bicêtre 241
    XIV. Le Maître d'école. 271
    XV. Morel, le lapidaire. 297
    XVI. La toilette 319
    XVII. Martial et le Chourineur. . . . 343
    XVIII. Le doigt de Dieu 365
    Note. 392

www.ingramcontent.com/pod-product-compliance
Lightning Source LLC
Chambersburg PA
CBHW071909230426
43671CB00010B/1530